¡Listos!
Ana Kolkowska • Libby Mitchell
1

D0493282

Heinemann

Heinemann is an imprint of Pearson Education Limited,
a company incorporated in England and Wales, having
its registered office at Edinburgh Gate, Harlow, Essex, CM20 2JE.
Registered company number: 872828

Heinemann is a registered trademark of Pearson Education Limited

First published 2002

12

24

A catalogue record is available for this book from the British Library on request.

ISBN 978 0 435429 04 1

Produced by Ken Vail Graphic Design

Illustrations by Phil Burrows, Graham-Cameron Illustration (Harriet Buckley), Clive Goodyer, Sylvie Poggio Artists Agency (James Arnold, Tony Forbes, Simon Martin, Melanie Sharp, Lisa Smith, Jennifer Ward), Jane Smith.

Cover design by Jon Hicks

Cover photograph by Getty Images/Image Bank

Printed and bound in China (CTPS/24)

Acknowledgements

The authors and publishers would like to thank Aleks Kolkowski, Ian Hill, Kathryn Tate, Maria Luisa Pendrous, Carlos Reyes-Manzo, Valerie Baker, the teachers and pupils of the Instituto Hermanos Maristas Valldemia – especially Eduardo Ruiz, Jaume Pratt, Eduard Ramos (and family), Neus Mora, Verónica Castro and Enric Alier – as well as Colette Thomson, Simon Humphries and the young Spaniards who took part in the studio recordings for their help in the making of this course.

Photographs were provided by Stone (San Fermín Bull running) p 12, Rex Features/Peter Rooker (Salma Hayek)/Tim Rooke (Príncipe Felipe/Conchita Martinez)/David Allocca (Enrique Iglesias), Empics/Matthew Ashton (Raúl) p 16, World Pictures (Guggenheim/Seville), Steve Benbow (El parque de Retiro), Alan Copson Pictures (Ciudad de las Artes y Ciencias) p 28, Popperfoto/Reuters (Bart Simpson and family) p 31, Rex Features/Brian Rasic (Eminem) p 37, Gator (Cat) p 38, World Pictures (Horse fair, Jerez/Andean scenery and ruins), Robert Harding Picture Library (Gold pieces from Bogota Gold Museum, Tolima) p 40, Empics/Steve Mitchell (Javier Saviola), Corbis/Mitchell Gerber (Jennifer López) p 41, World Pictures (Traditional Spanish House) p 77.
All other photos were provided by Carlos Reyes-Manzo of Andes Press Agency and Heinemann Educational Publishers.

Tel: 01865 888058 www.heinemann.co.uk

¡Listos!
Ana Kolkowska • Libby Mitchell
1

Heinemann

Tabla de materias

Módulo 1 ¡Bienvenidos!

Módulo 2 Tú y yo

Módulo 3 ¡Vamos al instituto!

Módulo 4 En casa

Módulo 5 Mi pueblo

Módulo 6 El tiempo libre

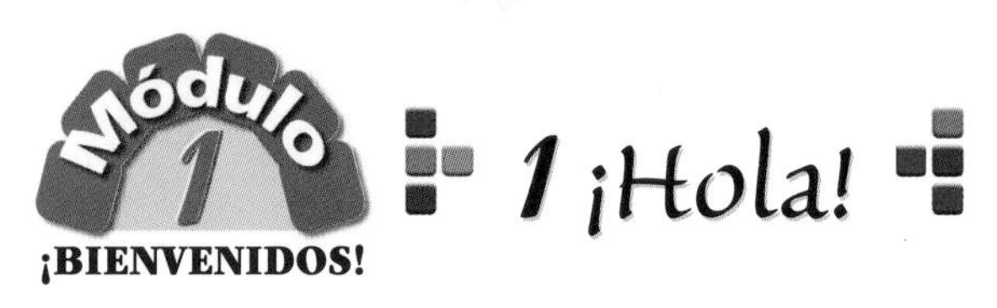

1 ¡Hola!

Asking a friend's name and giving your own
Greeting someone and asking them how they are

1 Escucha y lee.
Listen and read.

Escucha y lee. Elige tus nombres favoritos.
Listen and read. Choose your favourite names.

1 Alicia
2 Andrés
3 Camila
4 Carlos
5 Carmen
6 Elena
7 Eva
8 Francisco
9 Javier
10 Lucía
11 Jorge
12 Luis
13 Patricia
14 Raúl
15 Sergio
16 Sol

¡OJO!

Notice the sounds these letters make in Spanish:

ci Alicia, Francisco
ca Camila, Carlos

Can you find other Spanish names from the list with the same sounds?

Escucha y escribe los números de los nombres. (1–10)
Listen and write the numbers of the names.

Con tu compañero/a, elige un nombre español.
With your partner, choose a Spanish name.

Ejemplo:
- Hola. ¿Cómo te llamas?
- Hola. Me llamo (Sol). ¿Y tú?
- Me llamo (Raúl).

Escribe tu diálogo.
Write your dialogue.

Escucha y lee. Empareja las preguntas con las respuestas.
Listen and read. Match up the questions with the answers.

a

b

c

d

1

2

3

4

Con tu compañero/a, lee los diálogos en 4.
*With your partner, read the dialogues in **4**.*

Gramática

Tú and usted

*There are two ways of saying **you** in Spanish: **tú** for friends, people your own age and children; **usted (Ud/Vd)** for adults and people you don't know.*

tú	**usted (Ud/Vd)**
¿Cómo te llamas?	*¿Cómo se llama?*
¿Cómo estás?	*¿Cómo está?*
¿Y tú?	*¿Y usted?*

Para saber más → página 133, 12.2

Escucha y repite.
Listen and repeat.

Indica un número en 6a. Tu compañero/a dice el saludo apropiado.
*Point to a number in **6a**. Your partner gives the correct greeting.*

Escribe un diálogo. Cambia las palabras subrayadas.
Write your own dialogue. Change the underlined words.

- Buenos días.
- ¿Qué tal?
- Regular. ¿Y tú?
- Bien.
- Bueno, adiós.
- Adiós.

2 En la mochila

Saying what you have in your ruck sack

Mira la foto, escucha y repite. Pon atención a la pronunciación.
Look at the photo, listen and repeat. Pay attention to the pronunciation.

a una mochila
b un cuaderno
c un libro
d un bolígrafo
e un lápiz
f un sacapuntas
g una goma
h una pluma
i una regla
j un diccionario
k un estuche
l una agenda
m una carpeta

Juega al juego de la memoria. *Play the memory game.*

Ejemplo:
- En mi mochila tengo un cuaderno.
- En mi mochila tengo un cuaderno y un libro.
- En mi mochila tengo un cuaderno, un libro y … .

How to say 'a'/'an'

*In Spanish, all nouns (words for things and people) are either masculine or feminine. There are two words for **a/an**.*

Masc.	**Fem.**
un cuaderno	**una** regla
a book	*a ruler*

Para saber más → página 128, 2.1

¿Qué tiene Neus en su mochila? ¿Qué le hace falta?
What does Neus have in her rucksack? What does she need?

Con tu compañero/a, pregunta y contesta.
With your partner, ask and answer.

Ejemplo:
- No tengo (un cuaderno). ¿Tienes (un cuaderno)?
- Sí, tengo (un cuaderno). No tengo (una regla). …

¿Tienes ...?	un cuaderno
Tengo	una goma
No tengo	...

Escucha y canta los números del uno al diez.
Listen and sing the numbers from one to ten.

uno dos tres cuatro cinco seis siete ocho nueve diez

Escucha y suma o sustrae los números. (1–10)
Listen and add or subtract the numbers.

Ejemplo: *Uno más uno son dos.*

más +
menos –
son =

Mira los dibujos y lee las notas. ¿Cuáles son las mochilas de Neus y Eduard?
Look at the pictures and read the notes. Which rucksack belongs to Neus and which to Eduard?

En mi mochila tengo un libro, tres cuadernos, seis bolígrafos, diez lápices pero no tengo un sacapuntas ni una goma. Tengo una agenda y un diccionario pero necesito una regla y una pluma.

Neus

En mi mochila tengo un libro, cuatro cuadernos y una carpeta. No tengo unos bolígrafos pero tengo una pluma. Tengo un sacapuntas y una goma. No tengo una agenda pero tengo un diccionario. Necesito una regla y un estuche.

Eduard

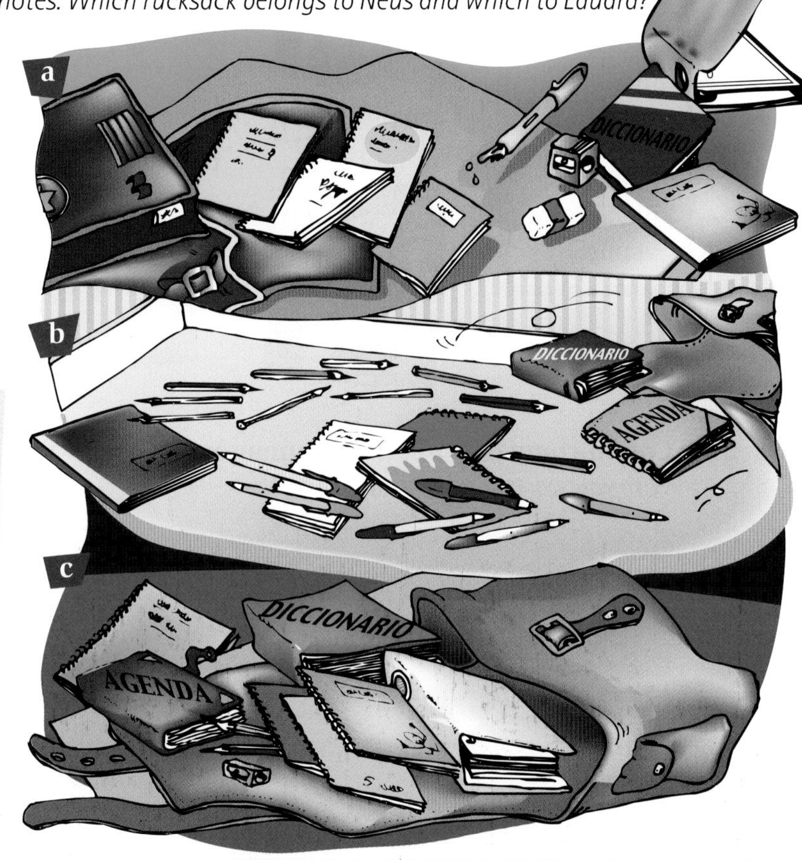

Escribe una lista de las cosas que tienes en tu mochila.
Write a list of the things you have in your rucksack.

Ejemplo: *En mi mochila tengo (un estuche, dos cuadernos) …*

Tengo	un	cuaderno	dos tres …	cuadernos libros bolígrafos sacapuntas diccionarios estuches
		lápiz		lápices
	una	goma	dos tres …	gomas plumas reglas agendas carpetas

How to say 'some'

	Sing.	Plural
Masc.	**un** cuaderno	un**os** cuadernos
Fem.	**una** goma	un**as** gomas

Para saber más → página 129, 2.2

3 ¿Cuántos años tienes?

Asking other people's ages and giving your own

Escucha y repite. *Listen and repeat.*

a once
b doce
c trece
d catorce
e quince
f dieciséis
g diecisiete
h dieciocho
i diecinueve
j veinte

a

b

c

d

e

f

g

h

i

j

Con tu compañero/a, di los números.
With your partner, say the numbers.

Con tu compañero/a, juega al bingo.
Haz un cuadro de seis números.
With your partner, play bingo.
Make a grid with six numbers.

Ejemplo:

¡quince!

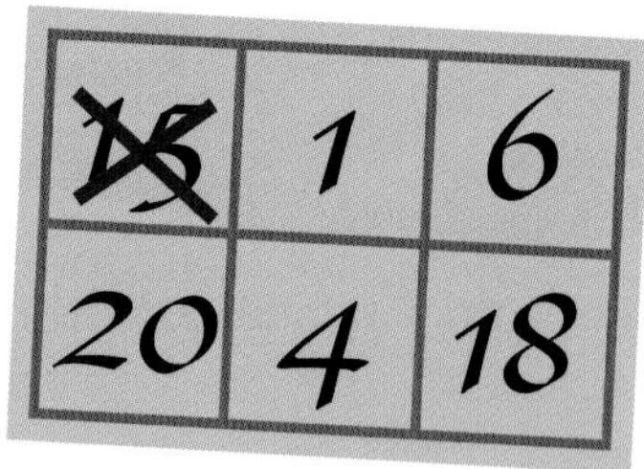

¡OJO!

*In Spanish the letter **c** has two sounds.*
*In front of **e** and **i** it sounds like **th**.*

Escucha.
cinco once doce trece

*In front of **a**, **u** and **o** it sounds like **k**.*

Escucha.
catorce cuatro cinco

Escucha. ¿Cuántas cosas tiene Neus y cuántas tiene Eduard?
Listen. How many things does Neus have, and how many does Eduard have?

¿Cuántos lápices tienes?
Tengo ... lápices.

	lápices	bolígrafos	cuadernos	sacapuntas	gomas
Neus					
Eduard					

Escucha las conversaciones. ¿Cuántos años tienen los jóvenes? (1–5)
Listen to the conversations. How old are the young people?

¿Cuántos años tienes?
Tengo ... años.
¿Y tú?

Haz un sondeo. Pregunta a tus compañeros/as de clase.
Do a survey. Interview your classmates.

Ejemplo:
- ¿Cuántos años tienes?
- Tengo … años? ¿Y tú?
- Tengo … años.

Copia y rellena el cuadro con la información del sondeo en 6a.
Copy and fill in the grid with the information from the survey in **6a**.

Nombre	Edad
Angela	doce años

Escucha. ¿Cuántos años tienen los jóvenes? (1–6)
Listen. How old are the young people?

Ejemplo: *1 – Miguel tiene quince años.*

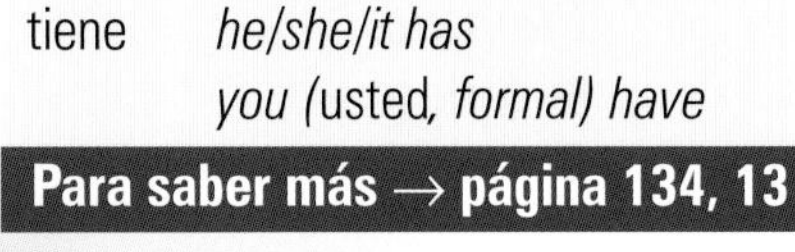

tener	***to have***
tengo	*I have*
tienes	*you (tú, informal) have*
tiene	*he/she/it has*
	you (usted, formal) have

Para saber más → página 134, 13

Mira las fechas de nacimiento de estos jóvenes. ¿Cuántos años tienen? Completa las frases.
Look at the birth dates of these young people. How old are they? Complete the sentences.

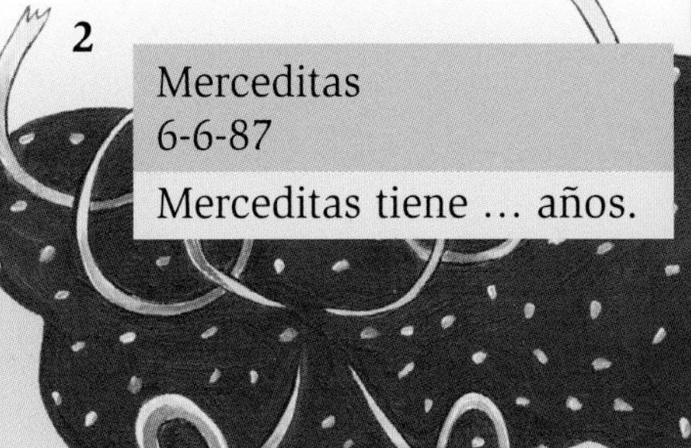

1. José
1-11-90
José tiene … años.

2. Merceditas
6-6-87
Merceditas tiene … años.

3. Fernando
15-10-91
Fernando tiene … años.

4. Ágata
20-8-89
Ágata tiene … años.

5. Luis
31-2-96
Luis tiene … años.

4 ¡Feliz cumpleaños!

Talking about dates and when your birthday is
Numbers 21–31

1 Escucha y lee.
Listen and read.

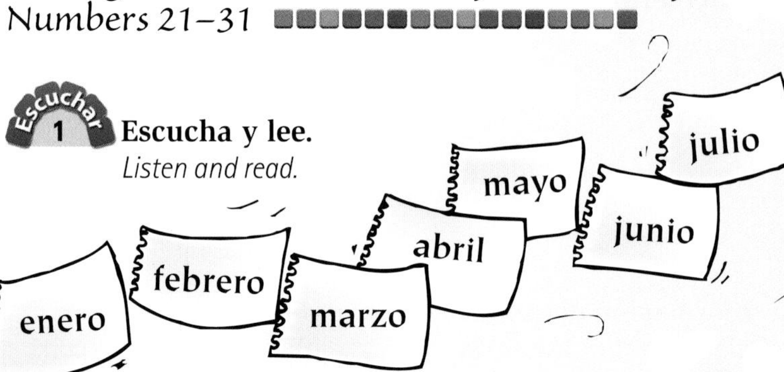

2 Con tu compañero/a, haz un rap para presentar los meses.
With your partner, make up a rap to present the months.

3 Escucha la canción. ¿Qué meses oyes?
Listen to the song. What months do you hear?

4 Escucha y lee. *Listen and read.*

20 veinte	26 veintiséis
21 veintiuno	27 veintisiete
22 veintidós	28 veintiocho
23 veintitrés	29 veintinueve
24 veinticuatro	30 treinta
25 veinticinco	31 treinta y uno

7 de julio, San Fermín

5 Con tu compañero/a, repite los números.
With your partner, repeat the numbers.

Ejemplo:
- Veinte.
- Veintiuno.
- Veintidós.
- Veintitrés …

6 Escribe seis números del 21 al 31. Escucha y subraya los números que oyes.
Write six numbers from 21 to 31. Listen and underline the numbers you hear.

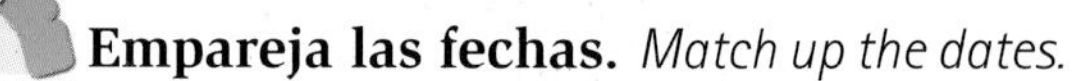
7a Empareja las fechas. *Match up the dates.*

1	3/4	**a**	el treinta y uno de diciembre
2	15/1	**b**	el veintiuno de septiembre
3	21/9	**c**	el tres de abril
4	9/6	**d**	el diecinueve de febrero
5	17/8	**e**	el once de marzo
6	22/5	**f**	el quince de enero
7	31/12	**g**	el nueve de junio
8	11/3	**h**	el primero de octubre
9	19/2	**i**	el veintidós de mayo
10	1/10	**j**	el diecisiete de agosto

7b Dos meses faltan. ¿Cuáles son?
Two months are not mentioned. Which are they?

Escribe seis fechas. Tu compañero/a dice las fechas.
Write six dates. Your partner says the dates.

Ejemplo:
14/10 El catorce de octubre. 3/8 El …

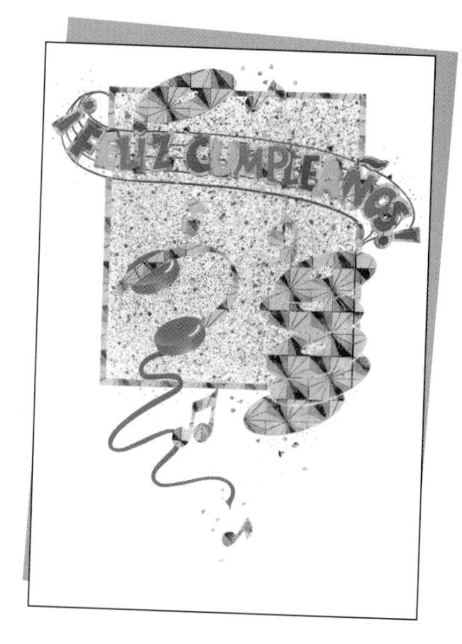

mi/tu/su

mi *my*
tu *your (informal)*
su *his/her/its/your (formal)*

¿Cuándo es **tu** cumpleaños?	*When is **your** birthday?*
Mi cumpleaños es el veintiséis de abril.	***My** birthday is the 26th April.*
¿Cuándo es **su** cumpleaños?	*When is **his/her/its/(your)** birthday?*
Su cumpleaños es el trece de julio.	***His/her/its/(your)** birthday is the 13th July.*

Para saber más → página 132, 8

Escucha y escribe las fechas. (1–6)
Listen and write the dates.

Mi cumpleaños es …

el primero (uno)	el diecisiete	de	enero.
el dos	el dieciocho		febrero.
el tres	el diecinueve		marzo.
el cuatro	el veinte		abril.
el cinco	el veintiuno		mayo.
el seis	el veintidós		junio.
el siete	el veintitrés		julio.
el ocho	el veinticuatro		agosto.
el nueve	el veinticinco		septiembre.
el diez	el veintiséis		octubre.
el once	el veintisiete		noviembre.
el doce	el veintiocho		diciembre.
el trece	el veintinueve		
el catorce	el treinta		
el quince	el treinta y uno		
el dieciséis			

Haz un sondeo. Pregunta a cinco compañeros/as de clase. Copia y rellena el cuadro.
Do a survey. Ask five classmates. Copy and fill in the grid.

Ejemplo:
- ¿Cuándo es tu cumpleaños?
- Mi cumpleaños es el 7 de marzo.

Chanelle	el 7 de marzo
Rajed	el …

Escribe cinco frases.
Write five sentences.

Ejemplo:
El cumpleaños de Chanelle es el siete de marzo.
…

Escribe tu cumpleaños. Completa la frase:
Write your birthdate. Finish the sentence.

Mi cumpleaños es …

5 En clase

Understanding what your teacher says
Naming things in the classroom and days of the week

1a Escuchar

Escucha. ¿Qué dibujo es? (1–12)
Listen. Which picture is it?

Ejemplo: *1 – e*

1b Leer

Busca una frase en inglés para cada dibujo en 1a.
Look for an English sentence for each picture in **1a**.

1 Work on the computer.
2 Listen to the tape.
3 Look at the board.
4 Silence, please!
5 Homework.
6 Sit down.
7 Stand up.
8 I'm going to call the register.
9 Look at page 10.
10 Write in your exercise books.
11 Put your chewing gum in the bin.
12 Open your books.

Indica un dibujo en 1a. Tu compañero/a dice la frase apropiada.
*Point to a picture in **1a**. Your partner says the correct phrase.*

Ejemplo:
¡Silencio, por favor!

Escucha y escribe las cosas en el orden correcto. (1–11)
Listen and write the things in the correct order.

Ejemplo: *1 – g*

- **a** la pizarra
- **b** la puerta
- **c** el cuaderno
- **d** el libro
- **e** la silla
- **f** la mesa
- **g** la ventana
- **h** la mesa del profesor
- **i** los cuadernos
- **j** los libros
- **k** el ordenador

Indica una letra en 3. Tu compañero/a dice el nombre de la cosa apropiada.
*Point to a picture in **3**. Your partner says the name of the correct thing.*

Ejemplo:
- a
- La pizarra.

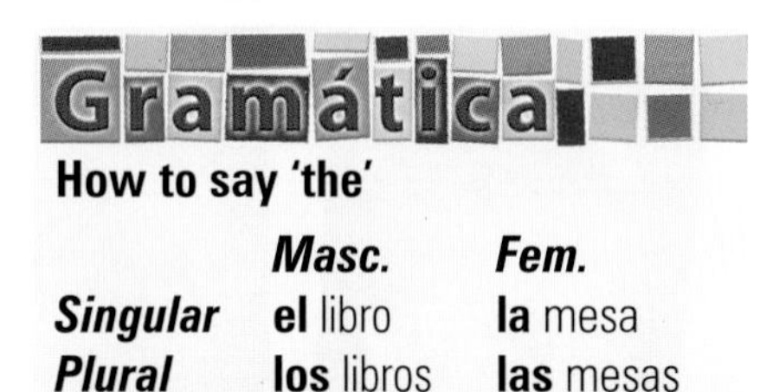

How to say 'the'

	Masc.	***Fem.***
Singular	**el** libro	**la** mesa
Plural	**los** libros	**las** mesas

Para saber más → página 128, 2.1

Escucha y repite.
Listen and repeat.

lunes, martes, miércoles, jueves, viernes, sábado, domingo

Escribe el nombre de tu programa favorito de televisión para cada día.
Write your favourite TV programme for each day.

Ejemplo:
lunes – EastEnders

Escribe una frase para cada día de la semana.
Write a sentence for each day of the week.

Ejemplo:
El lunes hay EastEnders.

6 ¿Cómo se escribe?

The Spanish alphabet and how to spell your name
Some useful phrases to use in the classroom

Escucha y canta el alfabeto.
Listen and sing the alphabet.

A – ah B – beh C – theh Ch – cheh D – deh E – eh F – efeh
G – heh H – acheh I – ee J – hota K – kah L – eleh Ll – elyeh
M – emeh N – eneh Ñ – enyeh O – oh P – peh Q – cuh
R – ere Rr – erre S – eseh T – teh U – uuh V – uuveh
W – uuveh dobleh X – ekis Y – ee griegah Z – theta

Con tu compañero/a, di cómo se escribe tu nombre.
With your partner, say how you spell your name.

Ejemplo:
- ¿Cómo se escribe tu nombre?
- Se escribe peh – ah – uuh – eleh. Paul.

Escucha y escribe los nombres de estas personas. (1–5)
Listen and write the names of these people.

1 2

3

4
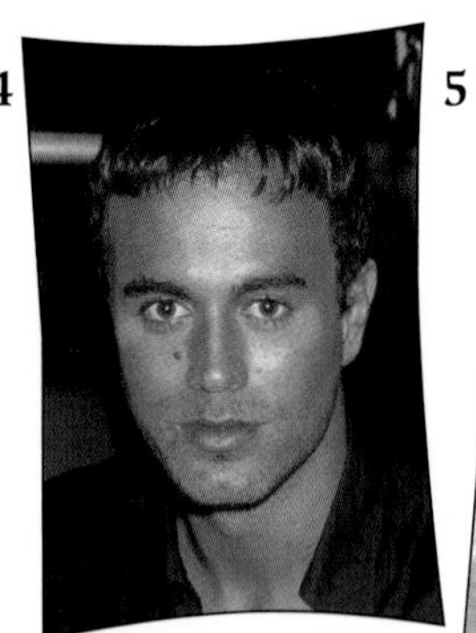
5

Con tu compañero/a, imagina que eres una persona famosa.
With your partner, imagine that you are a famous person.

Ejemplo:
- ¿Cómo se escribe tu nombre?
- D-A-V-I-D B …
- ¿David Beckham?
- ¡Sí!

Haz un alfabeto de palabras españolas.
Make up an alphabet of Spanish words.

Ejemplo: *a – años,*
b – bolígrafo,
c – cuaderno …

Escuchar 5 **Escucha las frases útiles para la clase.**
Listen to the useful classroom phrases.

1
- ¿Cómo se dice 'paper' en español?
- Papel.
- No comprendo. ¿Puede repetir?
- Papel. P-A-P-E-L.

2
- Señorita, necesito un bolígrafo. Déjame un bolígrafo, por favor.
- Toma
- Gracias.

3
- Me hace falta un libro. Déjame un libro, por favor.
- Tome.
- Gracias.

4
- He terminado. ¿Qué hago ahora?

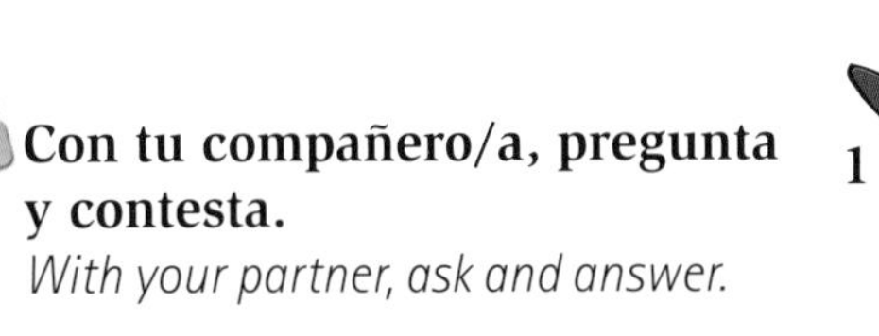

Hablar 6a **Con tu compañero/a, pregunta y contesta.**
With your partner, ask and answer.

Ejemplo:
- ¿Cómo se dice 'biro' en español?
- Bolígrafo.

1 2 3

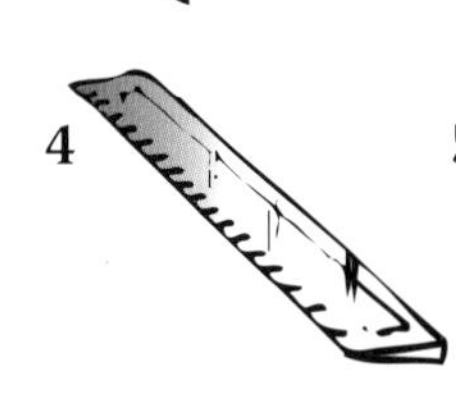

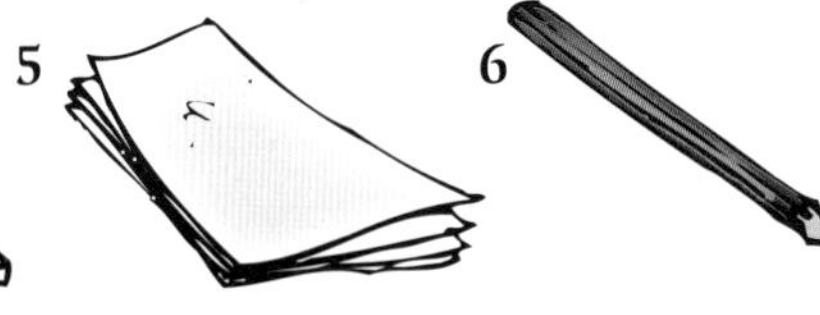

4 5 6

Hablar 6b **Con tu compañero/a, pide las cosas en 6a.**
With your partner, ask for the things in **6a***.*

Me hace falta ...	*I need ...*
Necesito ...	

Ejemplo:
- Me hace falta un bolígrafo. Déjame un bolígrafo, por favor.
- Toma. Necesito …

Hablar 7 **Con tu compañero/a, di estas frases en tono muy bajo. Tu compañero/a tiene que adivinarlas y utilizar 'No comprendo' o '¿Puedes repetir?'**
With your partner, whisper these phrases. Your partner has to guess them using 'I didn't understand' or 'Can you repeat that?'

a ¿Cómo se llama usted?
b Buenas noches.
c Me hace falta papel.
d Déjame una mochila.
e ¿Cuántos años tienes?
f Mi cumpleaños es el cuatro de mayo.
g ¿Cómo se escribe tu nombre?
h Tengo una mochila y un estuche.
i Tira el chicle en la papelera.

7 ¡Conéctate!

Naming parts of a computer
Phrases for using a computer

Mira el dibujo, escucha y repite. Pon atención a la pronunciación.
Look at the picture, listen and repeat. Pay attention to the pronunciation.

a	el ratón	**e**	los auriculares	**i**	la tecla
b	el disco compacto	**f**	el número de identidad	**j**	el teclado
c	el micrófono	**g**	la contraseña	**k**	el disquete
d	el ordenador	**h**	la pantalla	**l**	el botón

Con tu compañero/a, juega al tres en raya. Pon una letra del dibujo en 1 en cada cuadro. Indica el cuadro que quieres y di el nombre.
With your partner, play noughts and crosses. Put a letter from the picture in **1** *in each square. Point to the square you want and say the name.*

Ejemplo:
- c, el micrófono.
- j, el teclado

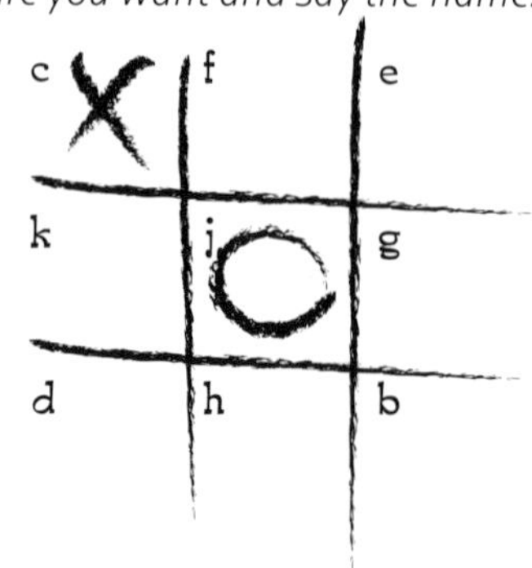

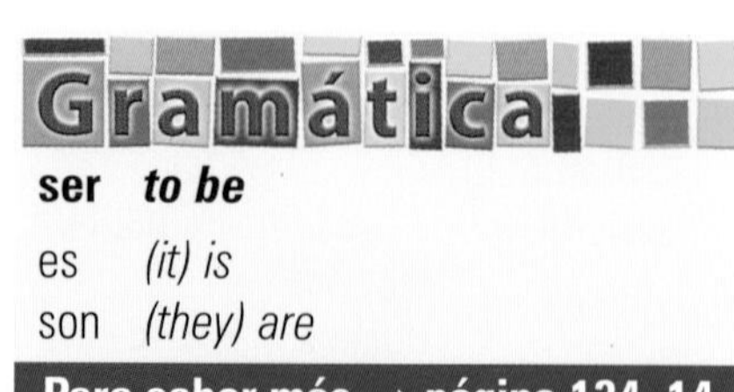

ser ***to be***

es *(it) is*
son *(they) are*

Para saber más → página 134, 14

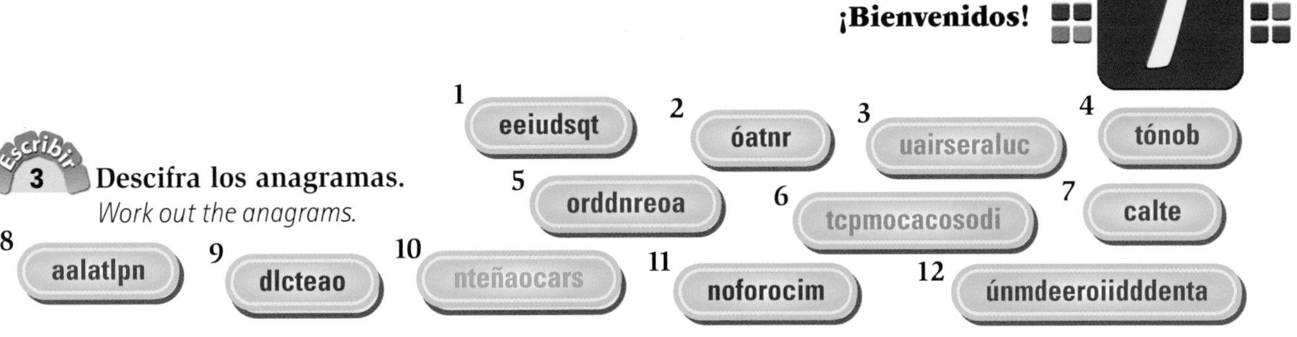

Descifra los anagramas.
Work out the anagrams.

Empareja las frases.
Match up the sentences.

1 entra al sistema
2 escribe la dirección
3 busca en la red
4 mete el disco compacto/el disquete
5 salva el trabajo
6 envia un correo electrónico
7 imprime el trabajo
8 sal del sistema

a save your work
b log on
c put in the CD/floppy disk
d search on the net
e print your work
f write/enter the address
g log off
h send an e-mail

Escucha y empareja las frases con los dibujos. (1–8)
Listen and match up the sentences with the pictures.

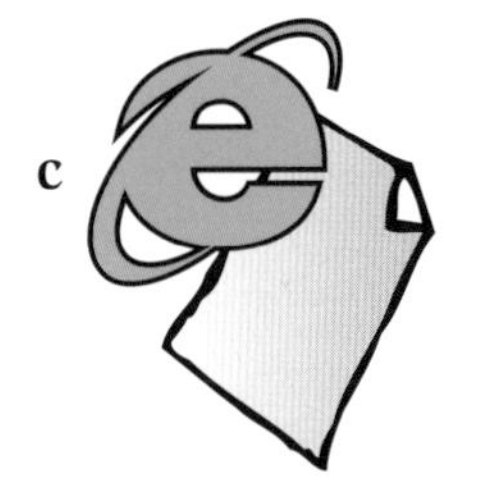

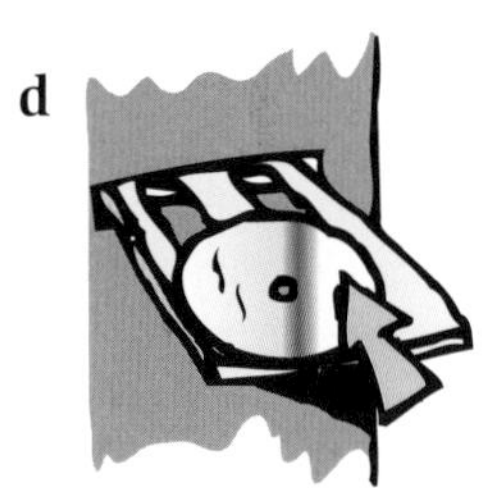

Envia un correo electrónico a un/a amigo/a.
Send an e-mail to a friend.

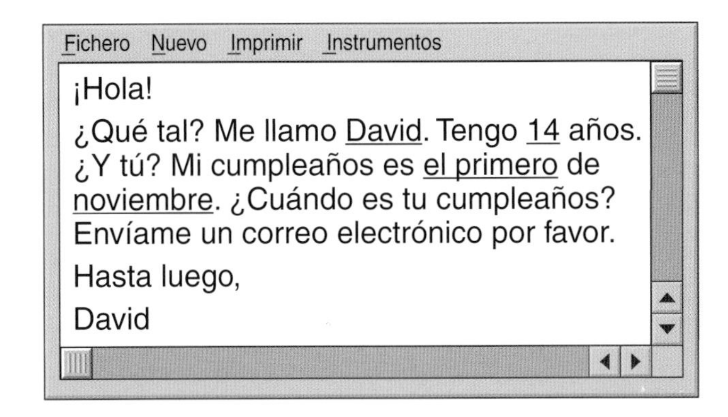
Fichero Nuevo Imprimir Instrumentos

¡Hola!

¿Qué tal? Me llamo David. Tengo 14 años. ¿Y tú? Mi cumpleaños es el primero de noviembre. ¿Cuándo es tu cumpleaños? Envíame un correo electrónico por favor.

Hasta luego,

David

Resumen

I can …

say hello	¡Hola! Buenos días. Buenas tardes. Buenas noches.
say goodbye	Adiós. Hasta luego.
ask someone's name	¿Cómo te llamas?
give my name	Me llamo Eduard.
give someone else's name	Se llama Paul.
ask someone how they are	¿Qué tal? ¿Cómo estás? ¿Cómo está Ud/Vd?
answer a similar question	Bien. Fatal. Regular. ¿Y tú?
say what I have/don't have in my ruck sack	En mi mochila tengo un cuaderno, una goma y un libro. No tengo un estuche.
ask someone else what he/she has	¿Tienes una pluma?
say what someone else has/doesn't have	Tiene un estuche. No tiene una regla.
count from 1 to 31	uno, dos, tres, …
add and subtract numbers	
say how old I am	Tengo catorce años.
ask others their age	¿Cuántos años tienes/tiene Ud/Vd?
say how old someone else is	Tiene veinte años.
say the months of the year	enero, febrero, marzo, etc.
say when my birthday is	Mi cumpleaños es el catorce de febrero.
ask others when their birthday is	¿Cuándo es tu cumpleaños?
understand classroom instructions	Abrid los libros. Escuchad la cinta.
say the days of the week	lunes, martes, etc.
name classroom items	la mesa, el ordenador
spell words in Spanish	Se escribe C-A-R-L-O-S.
ask someone to spell their name	¿Cómo se escribe tu nombre?
use some useful classroom phrases	¿Cómo se dice 'paper' en español? Necesito un libro.
name parts of a computer	la tecla, el disquete, …

Prepárate

Escucha y escribe los números que oyes.
Listen and write the numbers you hear.

Ejemplo: *2, …*

Escucha y escribe los artículos en el orden correcto.
Listen and write the articles in the correct order.

Ejemplo: *3, …*

1 2 3 4

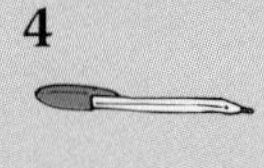

5 6

7

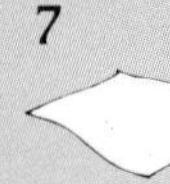

8

Con tu compañero/a, empareja las preguntas con las respuestas.
With your partner, match up the questions with the answers.

1 ¡Hola! ¿Qué tal?
2 ¿Cómo te llamas?
3 ¿Cómo se escribe?
4 ¿Cuántos años tienes?
5 ¿Cuándo es tu cumpleaños?

a Es el veinte de febrero.
b Bien.
c Tengo 15 años.
d A-N-A.
e Me llamo Ana.

Pregunta y contesta para ti.
Ask and answer for yourself.

Empareja las preguntas con las respuestas.
Match up the questions with the answers.

Ejemplo: *a – 7*

a ¡Hola! ¿Cómo te llamas?
b ¿Cuántos años tiene, Miranda?
c Déjame un bolígrafo.
d ¿Cómo se dice 'paper' en español?
e ¿Cuando es tu cumpleaños?
f ¿Cuántos bolígrafos tienes?

1 Tiene 13 años.
2 Tengo cuatro.
3 Toma.
4 El seis de junio.
5 Me llamo Julián.
6 Papel.

Copia y completa las frases con la palabra apropiada.
Copy and complete the sentences with the correct word.

1 ________________ luego.
2 Mirad la ________________.
3 ¿________________ años tienes?
4 ¿________________ se escribe tu nombre?
5 ¿Cuándo es tu ________________?

pizarra Cómo
cumpleaños
Cuántos Hasta

¡Extra! 8 Se llama Neus

1a Escucha y lee.
Listen and read.

1b Elige las palabras apropiadas para los espacios.
Choose the correct words for the spaces.

Ejemplo: **a** *¿Qué tal?*

Buenos días · por favor · Qué tal · bolígrafo · tengo · Bien · ¡Hola! · me llamo · los

2a Escribe las palabras en el orden correcto.
Write the words in the correct order.

1 los | tengo | no | deberes
2 los | abrid | libros | sentaos | y
3 bolígrafo | tienes | un
4 Eduard | hola | tal | qué
5 te | cómo | llamas
6 Neus | llama | se

2b ¿Quién dice cada frase en 2a?
Who says each sentence in ***2a****?*

3 ¿Cuáles de estas cosas se mencionan en la fotonovela? Escribe las frases en que se mencionan.
Which of these things are mentioned in the photostory? Write the sentences in which they are mentioned.

4 ¿Verdad (✔) o mentira (✘)?
True or false?

a Eduard no tiene su carpeta. ✔
b Eduard tiene el libro.
c Eduard necesita un lápiz.
d Eduard tiene un bolígrafo.
e La nueva alumna se llama Neus.

5 En grupos de cuatro, actúa el diálogo de la fotonovela para la clase.
In groups of four, act out the dialogue of the photostory for the class.

6 Escribe un diálogo similar. Cambia los nombres y otras palabras.
Write a similar dialogue. Change the names and other words.

Ejemplo:
Hola, Alana. ¿Cómo estás?
Mal … terrible … fatal … no tengo mi mochila, no tengo mis deberes …

Palabras

Saludos	***Greetings***
¿Cómo te llamas?	*What's your name?*
Me llamo …	*My name's …*
¿Y tú?	*And you?*
¡Hola!	*Hello!*
¡Adiós!	*Goodbye!*
¡Hasta luego!	*Bye!*
Buenos días.	*Good morning.*
Buenas tardes.	*Good afternoon.*
Buenas noches.	*Goodnight.*
¿Qué tal?	*How are things?*
¿Cómo estás?	*How are you?* (tú, *informal)*
¿Cómo está usted?	*How are you?* (usted, *formal)*
Fenomenal.	*Great.*
Bien.	*Fine.*
Regular.	*So-so.*
Mal.	*Bad.*
¡Fatal!	*Terrible!*

En mi mochila	***In my school bag***
¿Tienes un/una/unos/unas …?	*Have you got a/any …?*
Tengo un/una/unos/unas …	*I've got a/some …*
No tengo (un/una/unos/unas) …	*I haven't got (a/any) …*
una agenda	*a diary*
un bolígrafo	*a biro*
una carpeta	*a file*
un cuaderno	*an exercise book*
un diccionario	*a dictionary*
un estuche	*a pencil case*
una goma	*a rubber*
un lápiz	*a pencil*
los lápices	*pencils*
un libro	*a textbook*
una pluma	*a fountain pen*
una regla	*a ruler*
un sacapuntas	*a pencil sharpener*

Los números	***Numbers***
uno	*1*
dos	*2*
tres	*3*
cuatro	*4*
cinco	*5*
seis	*6*
siete	*7*
ocho	*8*
nueve	*9*
diez	*10*
once	*11*
doce	*12*
trece	*13*
catorce	*14*
quince	*15*
dieciséis	*16*
diecisiete	*17*
dieciocho	*18*
diecinueve	*19*
veinte	*20*
veintiuno	*21*
veintidós	*22*
veintitrés	*23*
veinticuatro	*24*
veinticinco	*25*
veintiséis	*26*
veintisiete	*27*
veintiocho	*28*
veintinueve	*29*
treinta	*30*
treinta y uno	*31*

¿Cuántos años tienes?	***How old are you?***
Tengo … años.	*I'm … (years old).*
Tiene … años.	*He/She is … (years old).*
¿Cuándo es tu cumpleaños?	*When is your birthday?*
¿Cuándo es su cumpleaños?	*When is his/her/its/your (formal) birthday?*
Mi cumpleaños es el … de …	*My birthday is the … of …*
Su cumpleaños es el … de …	*His/Her/Its/Your (formal) birthday is the … of …*
el primero (uno) de …	*the first of …*
¡Feliz cumpleaños!	*Happy birthday!*
mi	*my*
tu	*your*
su	*his/her/its/your (formal)*

Los meses	***The months***
enero	*January*
febrero	*February*
marzo	*March*
abril	*April*
mayo	*May*
junio	*June*
julio	*July*
agosto	*August*
septiembre	*September*
octubre	*October*
noviembre	*November*
diciembre	*December*

Los días de la semana	***The days of the week***
lunes	*Monday*
martes	*Tuesday*
miércoles	*Wednesday*
jueves	*Thursday*
viernes	*Friday*
sábado	*Saturday*
domingo	*Sunday*

En clase	***In the classroom***
la alumna	*pupil (female)*
el alumno	*pupil (male)*
los deberes	*homework*
el ejercicio	*exercise*
la mesa del profesor/ de la profesora	*the teacher's desk*
la pizarra	*the board*
la puerta	*the door*
la silla	*the chair*
la ventana	*the window*
Abrid los libros.	*Open your books.*
Escribid en los cuadernos.	*Write in your exercise books.*
Escuchad la cinta.	*Listen to the tape.*
Levantaos.	*Stand up.*
Mirad la página …	*Look at page …*
Mirad la pizarra.	*Look at the board.*
Sentaos.	*Sit down.*
¡Silencio, por favor!	*Silence, please!*
Tira el chicle en la papelera.	*Put your chewing gum in the bin.*
Trabajad en el ordenador.	*Work on the computer.*
Voy a pasar lista.	*I'm going to take the register.*
Déjame …, por favor.	*Please could I have …*
Me hace falta …	*I need …*
Necesito …	*I need …*
Toma/Tome (Ud/Uv).	*Here you are.*

¿Cómo se escribe?	***How do you spell it?***
¿Cómo se escribe tu nombre?	*How do you spell your name?*
Se escribe …	*It's spelt …*
¿Cómo se dice … en español?	*How do you say … in Spanish?*
No comprendo.	*I don't understand.*
¿Puedes repetir?	*Can you repeat that?*

El ordenador	***The computer***
arroba	*@*
los auriculares	*earphones*
barra	*forward slash*
el botón	*button*
la contraseña	*password*
el disco compacto	*CD*
el disquete	*floppy disk*
el micrófono	*microphone*
el número de identidad	*identity number*
la pantalla	*screen*
el ratón	*mouse*
la tecla	*key*
el teclado	*keyboard*
¿Qué es …?	*What is …?*
Es …	*It's …*
¿Qué son …?	*What are …?*
Son …	*They're …*

1 ¿De dónde eres?

Naming some countries
Saying your nationality and where you are from

Australia
Escocia
España
Estados Unidos
Gales
Inglaterra
Irlanda
Jamaica
México
Nigeria
Paquistán

Escucha y mira el mapa. Empareja los números con los países.
Listen and look at the map. Match up the numbers with the countries.

Ejemplo: *1 – Estados Unidos*

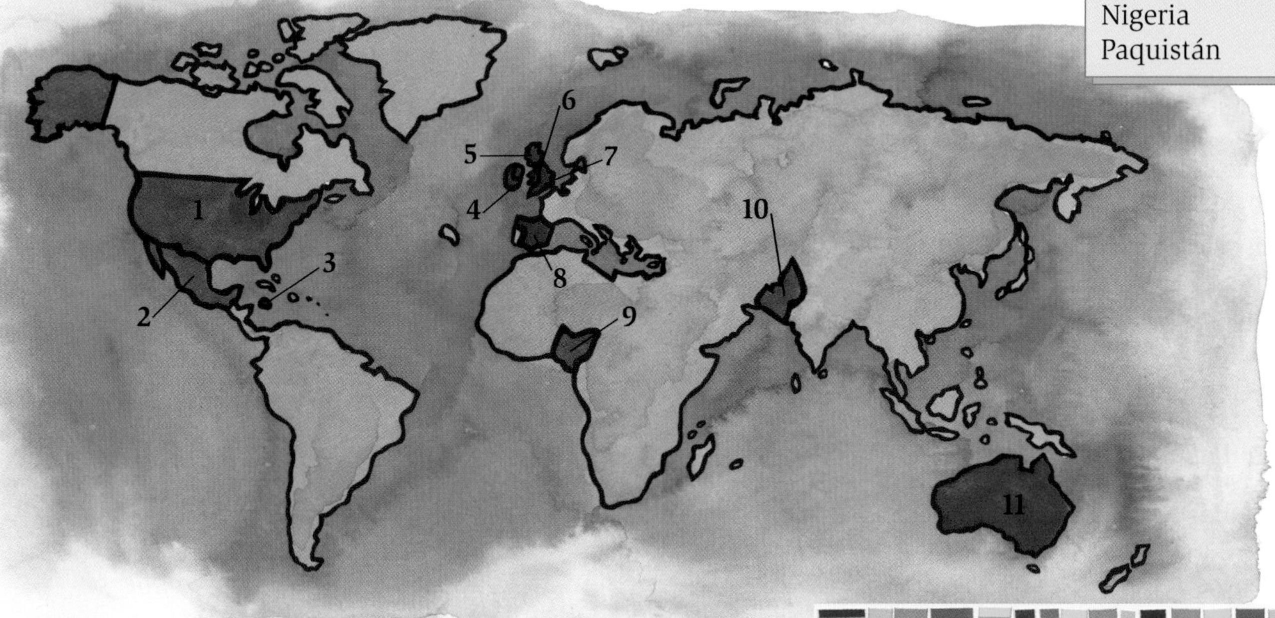

Con tu compañero/a, practica los países.
With your partner, practise the countries.

Ejemplo:
- Uno.
- Estados Unidos.

Escucha las entrevistas. Elige la nacionalidad apropiada de cada persona. (1–5)
Listen to the interviews. Choose the correct nationality for each person.

a irlandés **b** estadounidense **c** español **d** escocesa **e** jamaicana

Gramática

Nationalities

These agree with the person they describe:

Masc.	***Fem.***
australiano	australiana
escocés	escocesa
español	española
estadounidense	estadounidense
galés	galesa
inglés	inglesa
irlandés	irlandesa
jamaicano	jamaicana
mexicano	mexicana
nigeriano	nigeriana
paquistaní	paquistaní

Para saber más → página 131, 7

3b Con tu compañero/a, pregunta y contesta.
With your partner, ask and answer.

Ejemplo:
- ¿De dónde eres?
- Soy de (Escocia).
- ¿Cuál es tu nacionalidad?
- Soy (escocés/escocesa).

Gramática

ser	***to be***
soy	*I am*
eres	*you (tú, informal) are*
es	*he/she/it is you (usted, formal) are*

Para saber más → página 134, 14

4a Con tu compañero/a, empareja la persona con la nacionalidad apropiada.
With your partner, match up the person with the correct nationality.

Ejemplo:
- Kylie Minogue es australiana.

Kylie Minogue	española
Ronan Keating	australiana
Catherine Zeta Jones	galés
Ewan McGregor	escocés
Cameron Diaz	irlandés
Enrique Iglesias	inglesa
Ryan Giggs	español
Denise Lewis	estadounidense
David Beckham	galesa
Penélope Cruz	paquistaní
Waquer Younis	inglés

4b Escribe las frases en 4a.
Write the sentences in **4a**.

Ejemplo: *Kylie Minogue es australiana.*

4c Elige una persona de la lista en 4a. Tu compañero/a te hace preguntas para adivinar quién eres.
Choose a person from the list in **4a**. *Your partner asks you questions to find out who you are.*

Ejemplo;
- ¿De dónde eres?
- Soy de (España). Soy (española).
- ¿Eres (Penélope Cruz)?
- Sí.

5 Lee y escribe la información.
Read and write the information.

Nombre	País	Nacionalidad
Mariana	España	española

6 Escribe tu nombre, país y nacionalidad.
Write your name, country and nationality.

Ejemplo:
Me llamo (Ben). Soy de (Leicester) en (Inglaterra). Soy (inglés).

2 ¿Dónde vives?

Saying where you live and what languages you speak

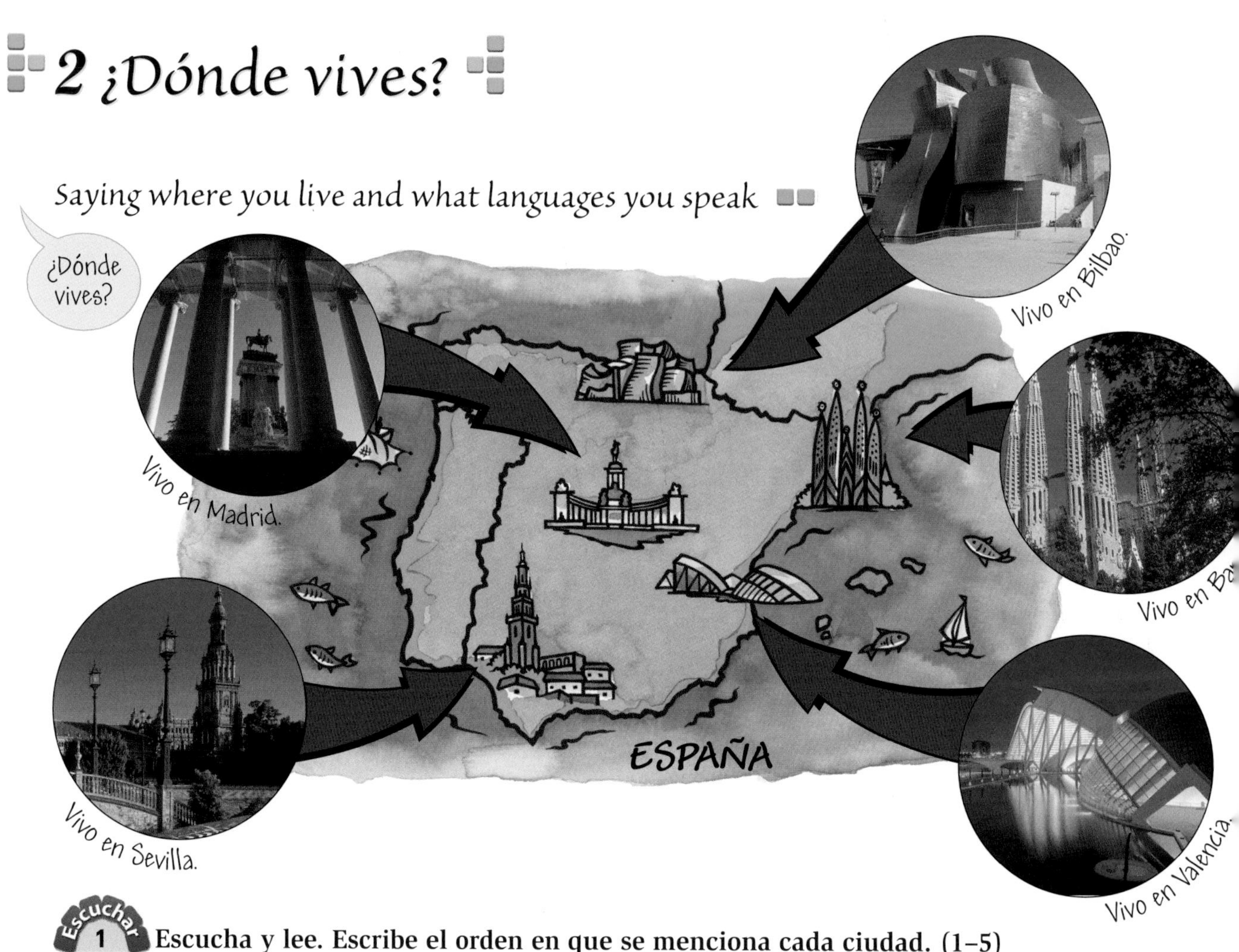

Escucha y lee. Escribe el orden en que se menciona cada ciudad. (1–5)
Listen and read. Write the order in which each city is mentioned.

Ejemplo: *1 – Madrid*

Con tu compañero/a, pregunta y contesta.
With your partner, ask and answer.

Ejemplo:
- ¿Dónde vives?
- Vivo en …(Stevenage). ¿Y tú? ¿Dónde vives?
- Vivo en …

Gramática

vivir	***to live***
vivo	*I live*
vives	*you (tú, informal) live*
vive	*he/she/it lives you, (usted, formal) live*

Para saber más → página 133, 12

Escucha a los jóvenes y lee las frases. ¿Verdad (✔) o mentira (✘)?
Listen to the young people and read the sentences. True or false?

1 Mateo vive en Madrid.
2 Juan no vive en Valencia.
3 Arturo y Susana viven en Barcelona.
4 Ana vive en Valencia.

Con tu compañero/a, pregunta y contesta.
With your partner, ask and answer.

Ejemplo:
- ¿Dónde vive (Mateo)?
- (Mateo) vive en …

hablar	*to speak*
hablo	*I speak*
hablas	*you (tú, informal) speak*
habla	*he/she/it speaks* *you (usted, formal) speak*

Para saber más → página 133, 12

el idioma	*language*
el alemán	*German*
el catalán	*Catalan*
el español	*Spanish*
el francés	*French*
el galés	*Welsh*
el inglés	*English*
el italiano	*Italian*

Lee los datos. ¿Puedes adivinar qué idiomas habla cada persona?
Read the information. Can you guess which languages each person speaks?

1

Nombre: *Sara*
Apellido: *Davies*
Vive en: *Swansea*
País: *Gales*
Idiomas: *inglés, ... y español (un poco)*

2

Nombre: *Elena*
Apellido: *Montoya*
Vive en: *Londres*
País: *México*
Idiomas: *inglés y ...*

3

Nombre: *Dieter*
Apellido: *Huke*
Vive en: *París (Francia)*
País: *Alemania*
Idiomas: *..., ... y un poco de español*

4

Nombres: *Martí y Nuria*
Apellidos: *Vidal Castellet*
Viven en: *Barcelona*
País: *España*
Idiomas: *... y ...*

Escucha y comprueba tus respuestas.
Listen and check your answers.

Haz un sondeo. ¿Cuántos idiomas habláis? Pregunta a tus compañeros/as de clase.
Do a survey. How many languages do you speak? Interview your classmates.

Ejemplo:
- ¿Qué idiomas hablas?
- Hablo ...

Con tu compañero/a, haz entrevistas con Sara, Elena, Dieter, Martí y Nuria.
With your partner, make up interviews with Sara, Elena, Dieter, Martí and Nuria.

Ejemplo:
- ¿Cómo te llamas?
- Me llamo ...
- ¿Dónde vives?
- Vivo en ...
- ¿Qué idiomas hablas?
- Hablo ...

Escribe dos de las entrevistas.
Write down two of the interviews.

3 ¿Tienes hermanos?

Talking about your family

1 Escucha y lee. *Listen and read.*

1
¿Tienes hermanos?
Sí, tengo un hermano.

2
Tengo un hermano y una hermana.

3
No, no tengo hermanos. Soy hija única.

4
Sí, tengo una hermana.

5
Sí, tengo tres hermanas.

6
No, no tengo hermanos. Soy hijo único.

2 Escucha a los jóvenes. ¿Tienen hermanos? (1–6)
Listen to the young people. Do they have brothers/sisters?

Ejemplo: *1 –*

3 Lee y empareja las frases con las fotos.
Read and match up the sentences with the photos.

1 

2 

3 

4 

a Me llamo José. Tengo un hermano.
b ¡Hola! Me llamo Claudia. Tengo un hermano y una hermana.
c Me llamo Mateo. Soy hijo único. No tengo hermanos.
d ¡Hola! Me llamo Gloria. Tengo una hermana. Somos gemelas.

gemelos/as *twins*

4 Con tu compañero/a, haz entrevistas con José, Claudia, Mateo y Gloria.
With your partner, make up interviews with José, Claudia, Mateo and Gloria.

Ejemplo:

- ¿Cómo te llamas?
- Me llamo Claudia.
- ¿Tienes hermanos?
- Sí, tengo …

Escuchar 5

Escucha y lee. ¿Como se llaman las personas en el dibujo?
Listen and read. What are the people in the picture called?

Mi madre se llama Clara.

Mi padre se llama Rafael.

Mi hermana se llama Elisa. Tiene 5 años.

Mi hermano se llama Daniel. Tiene 11 años.

¿Y yo? Me llamo Adrián. Tengo 13 años.

Gramática

llamarse ***to be called***

me llamo	*I'm called*
te llamas	*you're (tú, informal) called*
se llama	*he's/she's/it's/called*
	you're (usted, formal) called
se llaman	*they're called,*
	you're (plural, formal) called

Para saber más → pagina 135, 16

Con tu compañero/a, haz una entrevista con Adrián.
With your partner, make up an interview with Adrián.

- ¿Cómo se llama tu madre/tu padre?
- Mi madre/Mi padre se llama …
- ¿Tienes hermanos?
- Sí, tengo una … y un …
- ¿Cómo se llaman?
- Mi hermana se llama … y mi hermano se llama …

How to say 'my', 'your', 'his'/'her', etc.

Singular	***Plural***	
mi	mis	*(my)*
tu	tus	*(your)*
su	sus	*(his/hers/its/yours (formal)/their)*

Para saber más → pagina 132, 8

Con tu compañero/a, escribe una entrevista con Bart Simpson (o con otro personaje famoso).
With your partner, write an interview with Bart Simpson (or with another famous person).

Nombre: Bart
Apellido: Simpson
Madre: Madge
Padre: Homer
Hermanos: 2 hermanas, Lisa y Maggie
País: Estados Unidos
Ciudad: Springfield
Idiomas: inglés, francés

¿Cómo te llamas?

¿Tienes hermanos?

¿Cómo se llaman tus hermanas?

¿Cómo se llama tu madre?

¿Cómo se llama tu padre?

¿De dónde eres? (Soy de …)

¿Dónde vives? (Vivo en …)

¿Qué idiomas hablas? (Hablo …)

Lee tu diálogo a la clase. *Read your dialogue to the class.*

4 ¿Tienes un animal en casa?

Talking about pets

Escucha y repite. Pon atención a la pronunciación.
Listen and repeat. Pay attention to the pronunciation.

un caballo

un gato

un pez

un conejo

un cobayo

un perro

un pájaro

una tortuga

un ratón

Escucha y escribe los nombres de los animales en el orden correcto. (1–9)
Listen and write the names of the animals in the correct order.

Ejemplo: *1 – un cobayo*

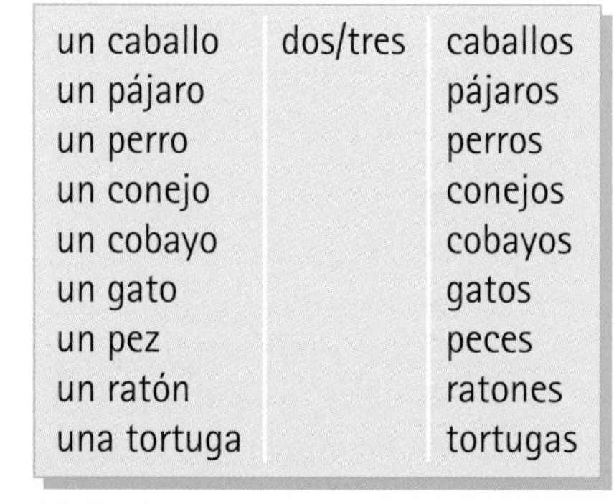

un caballo	dos/tres	caballos
un pájaro		pájaros
un perro		perros
un conejo		conejos
un cobayo		cobayos
un gato		gatos
un pez		peces
un ratón		ratones
una tortuga		tortugas

Escucha a los jóvenes. (1–6) ¿Tienen animales en casa?
Listen to the young people. Do they have animals at home?

Ejemplo: *1 – un pájaro*

En grupos, pregunta y contesta.
In groups, ask and answer.

- ¿Tienes un animal en casa?
- Sí, tengo (un gato)./No, no tengo un animal.

Escucha y repite.
Listen and repeat.

un gato atigrado

un perro negro

un caballo blanco

una tortuga verde

un pájaro amarillo

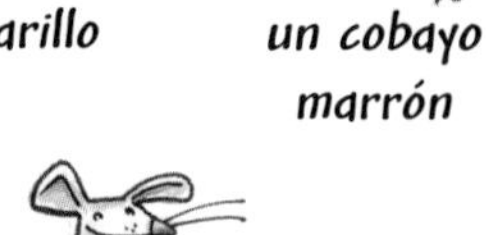

un cobayo marrón

un pez dorado

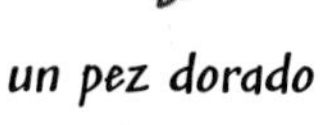

un conejo gris

un pájaro azul

un ratón grande y un ratón pequeño

Gramática

Adjectives

Adjectives agree with the noun they describe, so they have masculine, feminine and plural forms:

el gato blanc**o**	los gat**os** blanc**os**
la gat**a** blanc**a**	las gat**as** blanc**as**

For some exceptions, the masculine and feminine endings are the same:

el perr**o** grand**e**	los perr**os** grand**es**
la perr**a** grand**e**	las perr**as** grand**es**

Plurals

To form the plural of a noun, you usually add **s**. *However, if the noun ends in a consonant, add* **es**.

el rat**ó**n pequeño	los rat**ones** pequeños

Note also:

el pe**z** dorado	los pe**ces** dorados

Para saber más → pagina 131, 7

5 Los jóvenes describen a sus animales. (1–4) Copia y rellena el cuadro.

The young people are describing their pets. Copy and fill in the grid.

	Rosa	Manolito	Carmela	Oscar
Animal	*gata*			
Años				
Color				
Descripción				

¿Tienes animales en casa?
Sí, tengo un perro/dos gatos.
¿De qué color es/son?

Es	blanco/blanca.	Son	blancos/blancas.
	atigrado/a.		atigrados/as.
	negro/a.		negros/as.
	dorado/a.		dorados/as.
	amarillo/a.		amarillos/as.
	rojo/a		rojos/as
	marrón.		marrones.
	azul.		azules.
	verde.		verdes.
	gris.		grises.
	grande.		grandes.
	pequeño/a.		pequeños/as.

6a En grupos, pregunta y contesta.

In groups, ask and answer.

- ¿Tienes animales en casa, (Sara)?
- Sí, tengo (un pájaro).
- ¿De qué color es tu animal?
- Mi animal es …

6b Escribe las informaciones de 6a.

Write the information from **6a**.

Ejemplo: *Sara tiene un pájaro. Es …*

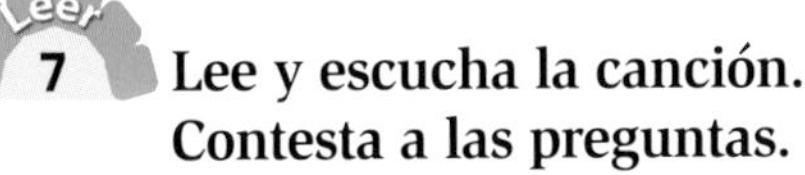

7 Lee y escucha la canción. Contesta a las preguntas.

Read and listen to the song. Answer the questions.

a ¿Cómo es el perro?
b ¿Cuántos años tiene?
c ¿De qué color es el gato?
d ¿Cómo es el pájaro?
e ¿Cuántos peces tiene?
f ¿Dónde vive el caballo?

1
En casa tengo un animal
Es un perro muy genial
Es pequeño, blanco y negro
Y de edad de solo un año.

2
En mi casa tengo un gato
Negro y blanco, atigrado
Es un gato inteligente
Y también es muy prudente.

3
En casa tengo un pájaro
Es pequeño y canario
Y también tengo tres peces
Un conejo y dos serpientes.

4
En casa tengo un animal
Que vive bien en el corral
Mi mascota es un caballo
Es pequeño y castaño.

5
Para mí los animales
Son amigos especiales
Tengo muchos en mi casa
Porque son buena compañía.

8 ¿Tienes un animal en casa? Escribe una descripción de tu animal.

Do you have a pet at home? Write a description of your pet.

Ejemplo: *Tengo un gato en casa. Es grande. Se llama Stan. Es blanco y negro. También tengo seis peces dorados. Son pequeños.*

5 Los ojos y el pelo

Describing your eyes and hair

Escucha y repite. Pon atención a la pronunciación.
Listen and repeat. Pay attention to the pronunciation.

5 *Tengo los ojos negros y el pelo castaño.*

1 *Tengo los ojos marrones y el pelo castaño.*

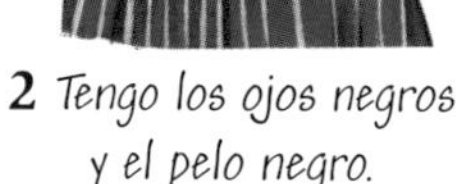

2 *Tengo los ojos negros y el pelo negro.*

3 *Tengo los ojos azules y el pelo rubio.*

4 *Tengo los ojos verdes y el pelo pelirrojo.*

6 *¡Tengo el ojo morado!*

¿De qué color son los ojos y el pelo de las personas? Copia y rellena el cuadro.
What eye and hair colour do these people have? Copy and fill in the grid.

Marta		✓			✓			
José								
Carmen								
Oscar								

Con tu compañero/a, pregunta y contesta. ¿Qué dicen las personas en 2a?
With your partner, ask and answer. What do the people in **2a** *say?*

Ejemplo:
- ¿Qué dice Marta?
- Tengo los ojos … y el pelo …

Haz un sondeo. Pregunta a tus compañeros/as de clase. Copia y rellena el cuadro.
Do a survey. Ask your classmates. Copy and fill in the grid.

Ejemplo:
- ¿De qué color son tus ojos, (Hassan)?
- Tengo los ojos (marrones).
- ¿De qué color es tu pelo?
- Tengo el pelo (castaño).

Nombre	Ojos	Pelo

Tengo Tiene	los ojos	marrones. azules. negros. verdes.
	el ojo	morado.
	el pelo	castaño. rubio. negro pelirrojo.

Describe a cinco de tus compañeros/as.
Describe five of your friends.

Ejemplo: *Hassan tiene los ojos marrones y el pelo negro.*

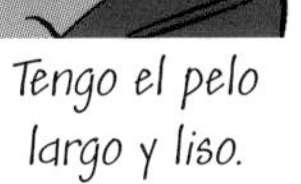

3 Escucha y repite.
Listen and repeat.

Tengo Tiene	el pelo	largo. liso. corto. rizado. ondulado.
	pecas.	
Llevo Lleva	barba. bigote. gafas.	

4 Empareja las descripciones con las personas.
Match up the descriptions with the people.

a *Carlos* **b** *Laura* **c** *Miguel* **d** *Daniel* **e** *Claudia* **f** *Mariana*

1 Tiene los ojos marrones y el pelo negro y liso.
2 Tiene los ojos azules y el pelo corto y rizado. Tiene pecas.
3 Tiene el pelo castaño y liso. Tiene barba y bigote.
4 Tiene el pelo rubio y ni largo ni corto. Tiene los ojos marrones.
5 Tiene los ojos marrones y el pelo largo y ondulado. Tiene pecas.
6 Tiene el pelo corto y rizado. Tiene los ojos marrones y lleva gafas.

5 Con tu compañero/a, adivina quién es en tu clase.
With your partner, guess who it is in your class.

Ejemplo:
- Tiene los ojos negros y el pelo negro y rizado.
- Es Ryan.
- No. Tiene el pelo largo.

6 Escribe una descripción de ti.
Write a description of yourself.

6 ¿Cómo eres?

Describing your size and colouring

¿Quién habla? Escucha y escribe el orden en que se menciona cada persona. (1–6)
Who is speaking? Listen and write the order in which each person is mentioned.

Ejemplo: *1 – Isabel*

Soy Es	alto/a. mediana. bajo/a.

Con tu compañero/a, ¿qué dicen los jóvenes?
With your partner, what do the young people say?

Ejemplo:
- ¿Qué dice Beatriz?
- Soy mediana. ¿Qué dice Isabel?
- Soy …

Gramática

Describing size

Masc.	**Fem.**
alto	alta
bajo	baja
mediana	mediana

Para saber más → pagina 131, 7

¿Cómo son? *What are they like?*

Ejemplo: *Miguel es alto.*

Escucha y repite.
Listen and repeat.

Pili

Fernando

Beatriz

Camila

Soy pelirrojo.

Oscar

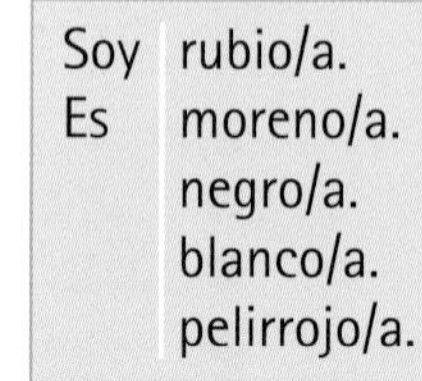

Soy Es	rubio/a. moreno/a. negro/a. blanco/a. pelirrojo/a.

¿Verdad (✔) o mentira (✘)? *True or false?*

a Pili es pelirroja.
b Fernando es rubio.
c Beatriz es negra.
d Camila es morena.
e Oscar es blanco.

Con tu compañero/a, describe a las personas.
With your partner, describe the people.

Ejemplo:
Mauricio es moreno. Es alto.
Tiene los ojos marrones y tiene barba.

Empareja las descripciones con los dibujos de los criminales.
Match up the descriptions with the criminals' pictures.

Describe a una persona famosa.
Describe a famous person.

Ejemplo: *Eminem tiene el pelo corto y rubio.*
Es de talla mediana. Es blanco.
Tiene los ojos marrones.

Resumen

I can …

say the names of some countries	España, Inglaterra, …
say my nationality and where I am from	Soy inglés. Soy jamaicana. Soy de Irlanda. Soy de Cardiff.
ask someone what their nationality is	¿De dónde eres? ¿Cuál es tu nacionalidad?
say where I live	Vivo en Barcelona.
ask someone where he/she lives	¿Dónde vives?
say where other people live	Ana vive en Valencia. Mateo y Juan viven en Madrid.
say what language(s) I speak	Hablo italiano.
ask someone which language(s) he/she speaks	¿Qué idiomas hablas?
say if I have any brothers and sisters	Tengo un hermano y dos hermanas. No tengo hermanos. Soy hijo único/hija única.
give the names of members of my family	Mi madre se llama Elisa. Mi padre se llama Pablo.
ask the names of other people	¿Cómo se llama tu madre? ¿Cómo se llaman tus hermanos?
say what pets I have	Tengo un perro y dos gatos.
use colours to describe my pets	Tengo un pez dorado y una gata blanca.
ask someone if he/she has a pet	¿Tienes un animal en casa?
ask the colour of a pet	¿De qué color es tu animal?
say what colour my eyes and hair are	Tengo los ojos azules/marrones/verdes/negros y el pelo rubio/negro/pelirrojo/castaño.
describe my physical appearance	Tengo el pelo largo/liso/corto. Llevo barba y bigote.
describe other people	Tiene el pelo rizado/ondulado. Lleva gafas. Tiene pecas.
describe my size, and that of other people	Soy alto/a. Soy mediana. Miguel es bajo. Isabel es baja.
describe my colouring, and that of other people	Soy rubio/a. Soy moreno/a. Beatriz es negra. Oscar es blanco. Pili es pelirroja.

Prepárate

1 Escucha y empareja cada persona con el dibujo apropiado.
Listen and match up each person with the correct picture.

a 
b 
c 
d 
e 

2a Con tu compañero/a, empareja las preguntas con las respuestas.
With your partner, match up the questions with the answers.

1 ¿Dónde vives?
2 ¿Qué idiomas hablas?
3 ¿Tienes hermanos?
4 ¿Cómo se llama tu madre?
5 ¿Tienes animales en casa?
6 ¿De qué color es tu pelo?

a Sí, tengo un gato.
b No, soy hijo único.
c Vivo en Valencia.
d Se llama Luisa.
e Hablo inglés y francés.
f Soy pelirrojo.

2b Pregunta y contesta para ti. *Ask and answer for yourself.*

3 Lee las entrevistas. Elige la persona apropiada.
Read the interviews. Choose the correct person.

a
- ¿Cuál es tu nacionalidad?
- Soy inglés.
- ¿De dónde eres?
- Soy de Liverpool.

Luis Figo
Raúl
Michael Owen

b
- ¿De dónde eres?
- Soy de Estados Unidos.
- ¿Qué idiomas hablas?
- Hablo inglés y español.
- ¿De dónde son tus padres?
- Mis padres son de Puerto Rico.

Kylie Minogue
Victoria Beckham
Jennifer López

c
- ¿Cuál es tu nacionalidad?
- Soy española.
- ¿Dónde vives?
- Vivo en España y en Estados Unidos.
- ¿Qué idiomas hablas?
- Hablo inglés y español.

Enrique Iglesias
Penélope Cruz
Britney Spears

4 Copia y rellena la ficha sobre ti.
Copy and fill in the card about yourself.

Nombre y Apellido: ....
Nacionalidad: ....
País: ....
Hermanos: ....
Color de los ojos: ....
Animales: ....

¡Extra! 7 Se habla español

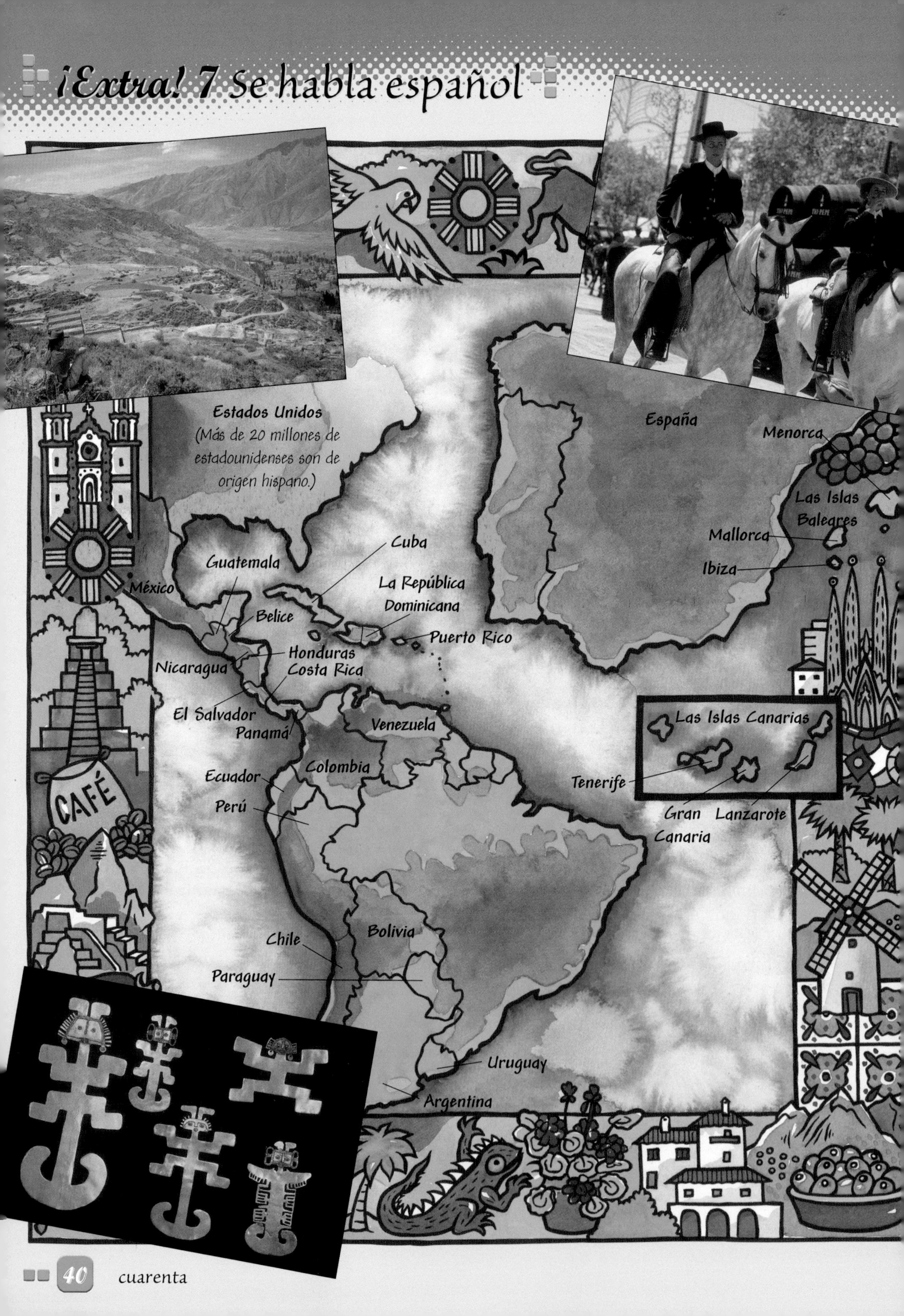

Javier Saviola

Mira la información en el mapa y contesta a las preguntas.
Look at the information on the map and answer the questions.

1 In how many countries is Spanish the main language?
2 Why is Spanish important in the USA?

¿De dónde son? Busca en el mapa el país de cada persona famosa.
Where are they from? Look for the country each famous person comes from on the map.

a Anier García es atleta. Es cubano.
b Javier Saviola es futbolista. Es argentino.
c Jennifer López es estadounidense. Sus padres son puertorriqueños.
d Salma Hayek es actriz. Es mexicana.
e Marcelo Ríos es tenista. Se llama "el Chino" pero no es chino. Es chileno.
f Enrique Iglesias es español.

Escucha y anota los países.
Listen and make a note of the countries.

¿Dónde se habla español? Juega al juego de la memoria.
Where is Spanish spoken? Play the memory game.

Ejemplo:
● Se habla español en España.
● Se habla español en España y …

Jennifer López

Lee las palabras. ¿Qué significan?
Read the words. What do they mean?

¿Qué otras palabras sabes en español?
What other Spanish words do you know?

Palabras

Los países	***Countries***
Australia	*Australia*
Escocia	*Scotland*
España	*Spain*
Estados Unidos	*United States*
Gales	*Wales*
Inglaterra	*England*
Irlanda	*Ireland*
Jamaica	*Jamaica*
México	*Mexico*
Nigeria	*Nigeria*
Paquistán	*Pakistan*

¿De dónde eres?	***Where are you from?***
Soy (de) …	*I'm (from) …*
¿Dónde vives?	*Where do you live?*
Vivo en …	*I live in …*
¿Dónde vive (Mateo)?	*Where does (Mateo) live?*
(Mateo) vive en …	*(Mateo) lives in …*
¿Dónde viven (Arturo y Susana)?	*Where do (Arturo and Susana) live?*
(Arturo y Susana) viven en …	*(Arturo and Susana) live in …*

La nacionalidad	***Nationality***
¿Cuál es tu nacionalidad?	*What nationality are you?*
Soy …	*I am …*
¿Eres …?	*Are you …?*
argentino/a	*Argentinian*
australiano/a	*Australian*
chileno/a	*Chilean*
cubano/a	*Cuban*
escocés/escocesa	*Scottish*
español/a	*Spanish*
estadounidense	*American*
galés/galesa	*Welsh*
inglés/inglesa	*English*
irlandés/irlandesa	*Irish*
jamaicano/a	*Jamaican*
mexicano/a	*Mexican*
nigeriano/a	*Nigerian*
paquistaní	*Pakistani*
puertorriqueño/a	*Puerto Rican*

Los idiomas	***Languages***
¿Qué idiomas hablas?	*What languages do you speak?*
Hablo …	*I speak …*
alemán	*German*
catalán	*Catalan*
español	*Spanish*
francés	*French*
galés	*Welsh*
inglés	*English*
italiano	*Italian*

¿Tienes hermanos?	***Have you got any brothers/brothers and sisters?***
Tengo un hermano.	*I've got a brother.*
Tengo una hermana.	*I've got a sister.*
Tengo (tres) hermanas.	*I've got (three) sisters.*
No tengo hermanos.	*I don't have any brothers or sisters.*
Soy hijo único.	*I'm an only child (male).*
Soy hija única.	*I'm an only child (female).*
Somos gemelos/gemelas.	*We are twins (male/female)*
¿Cómo se llama tu madre/padre?	*What's your mother's/father's name?*
Mi madre/padre se llama …	*My mother's/father's name is …*
Mis padres se llaman …	*My parents' names are …*
¿Cómo se llaman?	*What are their names?*
¿Cómo se llaman tus hermanos?	*What are your brothers'/brothers' and sisters' names?*
¿Cómo se llaman tus hermanas?	*What are your sisters' names?*
Mis hermanos se llaman …	*My brothers' names are …*
Mis hermanas se llaman …	*My sisters' names are …*

Los animales en casa	*Pets*
¿Tienes un animal en casa?	*Have you got a pet?*
Tengo …	*I've got …*
un caballo	*a horse*
un cobayo	*a guinea pig*
un conejo	*a rabbit*
un gato	*a cat*
un pájaro	*a bird*
un perro	*a dog*
un pez	*a fish*
un ratón	*a mouse*
una tortuga	*a tortoise*
dos caballos	*two horses*
dos cobayos	*two guinea pigs*
dos conejos	*two rabbits*
dos gatos	*two cats*
dos pájaros	*two birds*
dos peces	*two fishes*
dos perros	*two dogs*
dos ratones	*two mice*
dos tortugas	*two tortoises*
Es grande.	*It's big.*
Es pequeño/a.	*It's small.*
Son grandes.	*They're big.*
Son pequeños/as.	*They're small.*
Tiene …	*He/She has got …, you* (usted, *formal) have got …*
¿Cuántos años tiene?	*How old is it?*
Tiene … años.	*It is … (years old).*
No tengo un animal.	*I haven't got a pet.*
Es (muy) genial.	*It's (very) great.*

Los colores	*Colours*
¿De qué color es tu animal?	*What colour is your pet?*
Mi animal es …	*My pet is …*
amarillo/a	*yellow*
atigrado/a	*tabby*
azul	*blue*
blanco/a	*white*
dorado/a	*gold*
gris	*grey*
marrón	*brown*
negro/a	*black*
rojo/a	*red*
verde	*green*
Mis gatos son …	*My cats are …*
amarillos/as	*yellow*
atigrados/as	*tabby*
azules	*blue*
blancos/as	*white*
dorados/as	*gold*
marrones	*brown*
negros/as	*black*

Los ojos y el pelo	*Eyes and hair*
¿De qué color es tu pelo?	*What colour is your hair?*
Tengo …	*I've got …*
Tiene …	*He's/She's got …*
el pelo castaño	*brown hair*
el pelo negro	*black hair*
el pelo pelirrojo	*red hair*
el pelo rubio	*fair hair*
el pelo corto	*short hair*
el pelo largo	*long hair*
el pelo liso	*straight hair*
el pelo ondulado	*wavy hair*
el pelo rizado	*curly hair*
¿De qué color son tus ojos?	*What colour are your eyes?*
Tengo …	*I've got …*
Tiene …	*He's/She's got …*
los ojos azules	*blue eyes*
los ojos marrones	*brown eyes*
los ojos negros	*black eyes*
los ojos verdes	*green eyes*
Tengo pecas.	*I've got freckles.*
Llevo barba.	*I've got a beard.*
Llevo bigote.	*I've got a moustache.*
Llevo gafas.	*I wear glasses.*
Lleva …	*He/She wears …*

¿Cómo eres?	*What are you like?*
Soy …	*I'm …*
Es …	*He/She/It is, You* (usted, *formal) are*
alto/a	*tall*
bajo/a	*short*
de talla mediana	*medium height/size*
blanco/a	*white*
moreno/a	*dark*
negro/a	*black*
pelirrojo/a	*red-headed*
rubio/a	*fair*

¡VAMOS AL INSTITUTO!

1 Me encanta la informática

Talking about school subjects
Expressing likes and dislikes

Escucha y empareja cada asignatura con el dibujo apropiado.
Listen and match each school subject to the correct picture.

Ejemplo: *a – matemáticas*

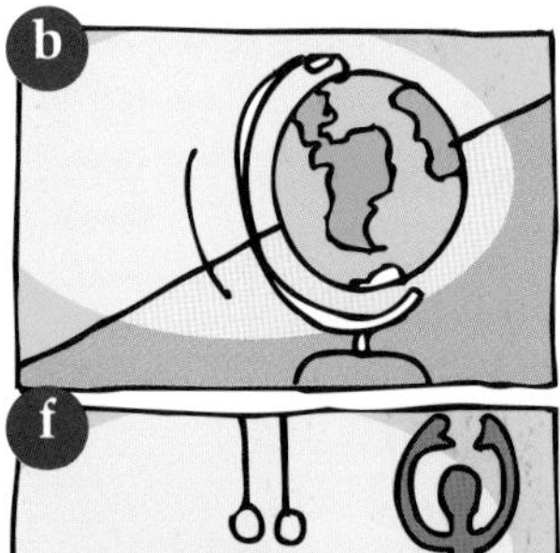

las asignaturas	
las ciencias	la informátic
la tecnología	el inglés
la educación física	las matemáti
el francés	la música
la geografía	la religión
la historia	el español

Escucha otra vez y comprueba tus respuestas.
Listen again correct your answers.

Con tu compañero/a, practica las asignaturas.
With your partner, practise the subjects.

Ejemplo:
- a.
- Las matemáticas.

gustar	***to like***
Me gusta la historia.	*I like History.*
Me gusta**n** las matemáticas	*I like Maths.*
No me gusta el francés.	*I don't like French.*
No me gusta**n** las ciencias.	*I don't like Science.*
¿Te gusta la geografía?	*Do you like Geography?*
¿Te gusta**n** las ciencias?	*Do you like Science?*

Para saber más → página 135, 18

¿Les gustan o no les gustan las asignaturas? Escucha y dibuja ☺ o ☹. (1–8)
Do they like the subjects or not? Listen and draw.

Ejemplo: *1 – ☺*

Con tu compañero/a, pregunta y contesta.

Ejemplo:
- ¿Te gusta el español?
- Sí, me gusta el español.
- ¿Te gustan las matemáticas?
- No, no me gustan las matemáticas.

Escucha y lee. Escribe los nombres en el orden correcto. (1–4)

Ejemplo: *1 – Pedro*

Me gusta mucho la informática. Es mi asignatura favorita. Me gustan también las ciencias y las matemáticas. No me gusta la historia.

Alba, 14 años

Me gusta mucho la educación física y me encanta el francés. No me gusta la tecnología y odio las matemáticas.

Pedro, 13 años

Me gusta la geografía y me gusta el español. Me gusta bastante la religión. Me gusta el francés. No me gusta la música.

Raúl, 15 años

No me gustan nada las ciencias y detesto las matemáticas. Me gusta bastante el inglés y también me encantan la música y la religión.

Elisabet, 14 años

😀	🙂	☹️
Me gusta(n) ✓ Me gusta(n) mucho ✓✓ Me encanta(n) ✓✓✓	Me gusta(n) bastante ✓/✗	No me gusta(n) ✗ No me gusta(n) nada ✗✗ Detesto/Odio ✗✗✗

pero	*but*
también	*also*
y	*and*

Copia y rellena el cuadro.

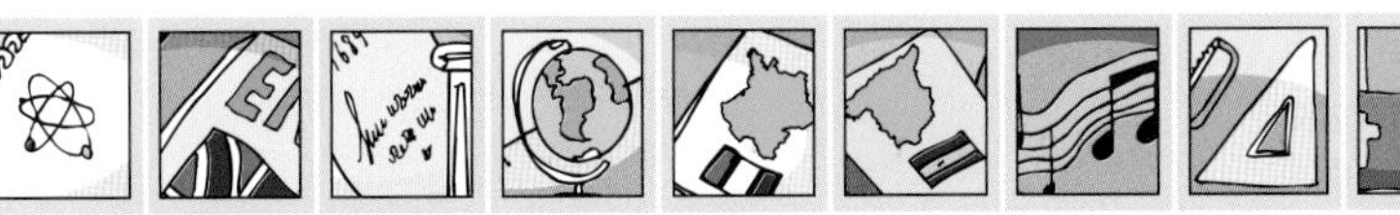

Alba											✓✓	
Pedro												
Raúl												
Elisabet												

Escribe sobre las asignaturas que te gustan y no te gustan.

2 La historia es interesante

Giving opinions about school subjects

1a Escucha y mira los dibujos. (1–8)

1b Empareja las asignaturas con las opiniones y escribe una frase para cada dibujo.
Match up the subjects with the opinions and write a sentence for each picture.

El inglés
El español
El instituto
La música
La educación física
La informática
Los profesores
Las matemáticas

es aburrida.
es divertida.
es fácil.
son difíciles.
es interesante.
es bueno.
es relajante.
son simpáticos.

1

2

3

4

5

6

7

8

¡OJO!

Use **es** *for singular:* La historia **es** difícil.
Use **son** *for plurals:* Las matemáticas **son** difíciles.

2 Escribe frases con tus opiniones sobre las asignaturas.

Ejemplo:
Las ciencias son interesantes.
El francés es divertido.

las ciencias	la música
el francés	la religión
la historia	el español

Gramática

Adjectives

Masc.	Fem.	Plural
aburrido	aburrida	aburridos/as
bueno	buena	buenos/as
divertido	divertida	divertidos/as
difícil	difícil	difíciles
fácil	fácil	fáciles
útil	útil	útiles
inteligente	inteligente	inteligentes
interesante	interesante	interesantes
relajante	relajante	relajantes
simpático	simpática	simpáticos/as

Para saber más → página 131, 7

3a **Escucha y lee.**

Gramática

Radical changing verbs

Note the spelling changes in these verbs:

pensar	***to think***	**preferir**	***to prefer***
p**ie**nso	*I think*	pref**ie**ro	*I prefer*
p**ie**nsas	*you think*	pref**ie**res	*you prefer*
p**ie**nsa	*he/she/it thinks you (formal) think*	pref**ie**re	*he/she/it prefers you (formal) prefer*
pensamos	*we think*	preferimos	*we prefer*
pensáis	*you think*	preferís	*you prefer*
p**ie**nsan	*they think you (formal) think*	pref**ie**ren	*they prefer you (formal) prefer*

Para saber más → página 135, 15

- Muy bien, fenomenal. ¿Te gusta el instituto?
- Sí, sí, me gusta. Los profesores son buenos y los alumnos ... son simpáticos. ¿Qué asignaturas prefieres?
- Me gustan las ciencias pero prefiero las matemáticas. La informática es interesante … pero pienso que el francés es difícil.
- ¿Te gusta el inglés?
- ¡Qué va! ¡Odio el inglés! ¿Y tú?
- Me gusta el inglés. Mi madre es inglesa y hablamos inglés en casa. ¡A ver si hablamos inglés un día!
- Vale. ¡Ahora me gusta el inglés!

3b **¿Verdad (✓) o mentira (✗)?**

a Neus piensa que los profesores son buenos.
b Eduard prefiere las matemáticas a las ciencias.
c Eduard piensa que la informática es aburrida.
d Eduard piensa que el francés es difícil.
e Neus detesta el inglés.
f Neus piensa que el instituto es bueno.

4 **Con tu compañero/a, haz frases con tus opiniones.**

Ejemplo:
- Pienso que el francés es difícil.
- Pienso que la música es divertida.
- Pienso que los profesores son buenos.

5a **Con tu compañero/a, mira el diálogo de Neus y Eduard y escribe otro similar.**

5b **Lee el diálogo a la clase.**

3 ¿Qué hora es?

Asking and saying the time
Talking about your school timetable

1 Escucha y lee.

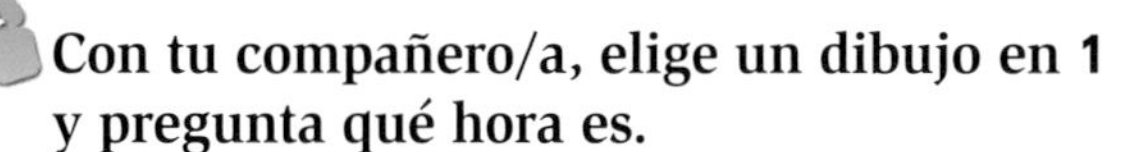

2 Con tu compañero/a, elige un dibujo en 1 y pregunta qué hora es.

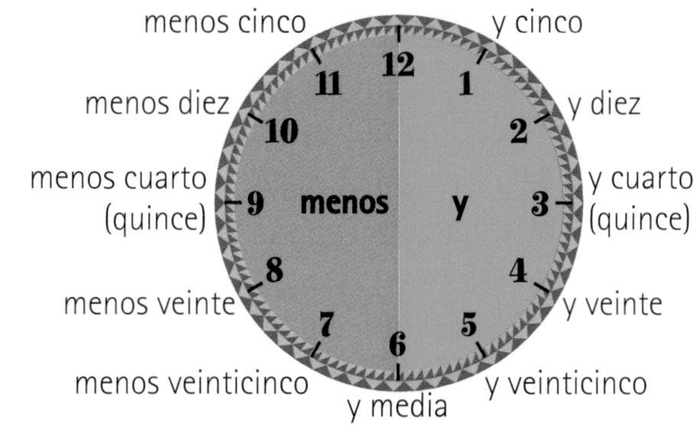

Ejemplo:
- Número 2. ¿Qué hora es?
- Son las doce y cuarto.

3a Empareja las horas con los relojes apropiados.
Match up the times with the correct clocks.

- **a** Son las diez.
- **b** Son las nueve y cuarto.
- **c** Es la una.
- **d** Son las dos y diez.
- **e** Es la una y veinte.
- **f** Son las doce y media.
- **g** Son las nueve menos cinco.
- **h** Son las ocho menos veinticinco.
- **i** Son las once y veinte.
- **j** Son las cuatro menos cuarto.

3b Escucha y comprueba tus respuestas.

4 **Con tu compañero/a, escribe o dibuja la hora. Pregunta y contesta.**

Ejemplo:
- ¿Qué hora es? 06:15/
- Son las seis y cuarto.

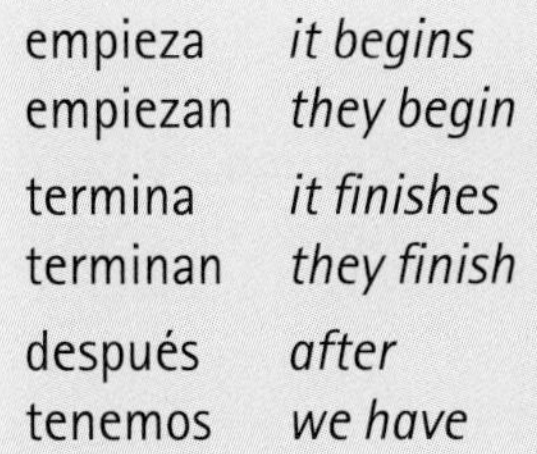

5 **Escucha los diálogos y mira el horario. ¿De qué días hablan Neus y Eduard? (1–3)**
Listen to the conversations and look at the timetable. Which days are Eduard and Neus talking about?

Las clases empiezan a las ocho y media.

El viernes tenemos ciencias a las nueve y media.

Tenemos media hora de recreo. Empieza a las diez y media y termina a las once.

El miércoles tenemos educación física. Es mi asignatura favorita.

El horario

	lunes	martes	miércoles	jueves	viernes
8.30	matemáticas	inglés	matemáticas	español	matemáticas
9.30	ciencias	historia	inglés	geografía	ciencias
10.30	R E	C	R	E	O
11.00	español	religión	historia	francés	música
12.00	geografía	español	tecnología	informática	religión
1.00	informática	matemáticas	educación física	ciencias	español

6 **Con tu compañero/a, habla del horario. Tu compañero/a tiene que adivinar el día.**
With your partner, talk about the timetable. Your partner has to guess the day.

Ejemplo:
- Tenemos matemáticas a las ocho y media.
- Y después, ¿qué tenemos?
- Tenemos inglés.
- Es miércoles.

7a **Lee el correo electrónico. ¿Verdad (✓) o mentira (✗)?**

a Ernesto tiene doce años.
b Las clases empiezan a las 8.30.
c No hay recreo.
d Ernesto tiene clases por la tarde.
e Tiene muchos deberes.

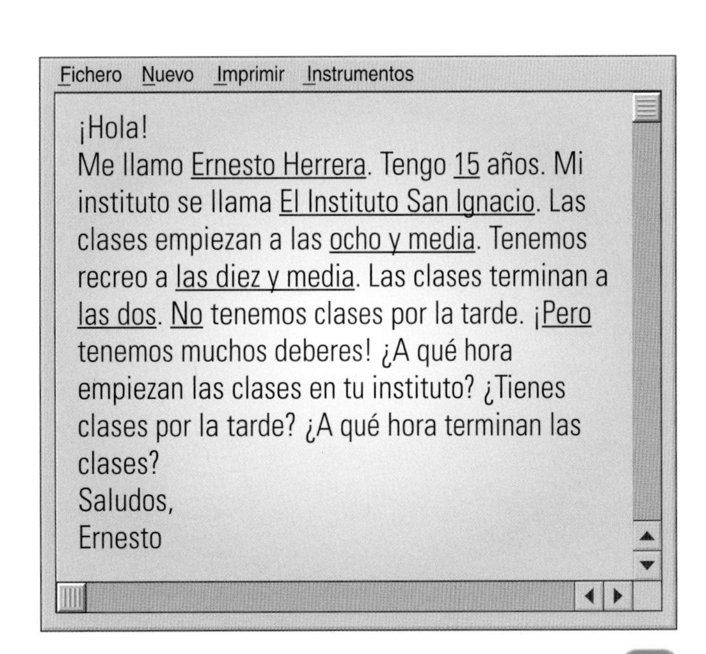
Fichero Nuevo Imprimir Instrumentos

¡Hola!
Me llamo Ernesto Herrera. Tengo 15 años. Mi instituto se llama El Instituto San Ignacio. Las clases empiezan a las ocho y media. Tenemos recreo a las diez y media. Las clases terminan a las dos. No tenemos clases por la tarde. ¡Pero tenemos muchos deberes! ¿A qué hora empiezan las clases en tu instituto? ¿Tienes clases por la tarde? ¿A qué hora terminan las clases?
Saludos,
Ernesto

7b **Escribe una respuesta al correo electrónico. Cambia las palabras subrayadas y describe tu horario.**

4 La hora de comer

Talking about meal times
Saying what you have to eat and drink

Escucha y empareja los jóvenes con las horas de comer.
Listen and match up the young people with their mealtimes.

Ejemplo: *Lourdes* – **b**

a 

b 

c 12:30
d 13:00 → 16:00
e 

Con tu compañero/a, pregunta y contesta.

Ejemplo:
- ¿Cuándo es la hora de comer de Lourdes?
- Es a las dos.

Escucha y lee el menú. ¿Qué comen y beben los jóvenes? (1–5)
Listen and read the menu. What do the young people eat and drink?

Ejemplo: *Lourdes – bocadillo, fruta, agua.*

¿Qué comes/bebes/tomas?

Normalmente	como	un bocadillo.
Generalmente	bebo	una hamburguesa.
Siempre	tomo	(una) pizza.
A veces		(una) ensalada.
Nunca		(unas) patatas fritas.
		(unos) espaguetis.
		fruta.
		(una) naranjada.
		(una) limonada.
		(una) Coca Cola.
		(un) agua mineral.
		(un) zumo de naranja.

2b Escucha otra vez. ¿Con qué frecuencia comen y beben las cosas?
Listen again. How often do they eat and drink the things (they mention)?

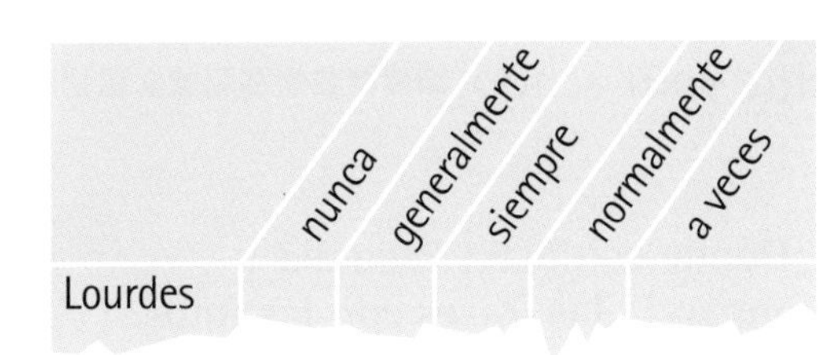

	nunca	generalmente	siempre	normalmente	a veces
Lourdes					

2c ¿Qué comen los cinco jóvenes?

Ejemplo:
Generalmente Lourdes come un bocadillo …

3a En España las horas de comer son diferentes. Copia y rellena el cuadro.
Meal times are different in Spain. Copy and fill in the grid.

Ejemplo:

	España	Reino Unido
Desayuno	7.00	–
Comida		
Merienda		
Cena		

el desayuno	desayunar
la comida	comer
la merienda	merendar
la cena	cenar

3b Con tu compañero/a pregunta y contesta.

Ejemplo:
- ¿A qué hora desayunas/comes/meriendas/cenas?
- Normalmente desayuno/como/meriendo/ceno a la(s) …

4a Lee el texto. ¿Qué come Eduard y a qué hora?

Ejemplo:

	Desayuno	Comida	Merienda	Cena
Hora	7.00			
Qué toma	tostadas y …			

4b Escribe un texto similar. Cambia las palabras subrayadas.

5 Mi instituto

Describing your school

¿Dónde estudias? Escucha y empareja las frases con las fotos.

1 Estudio en un instituto masculino. Hay uniforme.

2 Estudio en un instituto mixto. No hay uniforme.

3 Estudio en un colegio femenino. Hay uniforme.

a b c

Con tu compañero/a, pregunta y contesta.

Ejemplo:

- ¿Dónde estudias?
- Estudio en un (instituto mixto).
- ¿Hay uniforme?
- (Sí/No), (no) hay uniforme.

hay	*there is*
no hay	*there isn't*

Escucha y repite.

¿Qué tiene tu instituto?

Tiene ...

a unas aulas
b unos laboratorios
c unos despachos de la directora y las secretarias
d un salón de actos
e una sala de profesores
f una biblioteca
g un comedor
h un patio
i un gimnasio
j unas pistas polideportivas
k unos servicios

Mira el plano. ¿Qué instalaciones mencionan los jóvenes? (1–4)

Look at the plan. What facilities do the young people mention?

Ejemplo: *Raúl: a, b, f*

Escucha otra vez. ¿Cuántos de cada hay?
Listen again. How many are there of each?

Ejemplo: *Raúl: a-24, b-4, f-1*

Con tu compañero/a, pregunta y contesta. ¿Qué tienen los institutos de Raúl, Yolanda, Héctor y Bea?

Ejemplo:
- ¿Qué tiene el instituto de Raúl?
- El instituto de Raúl tiene 24 aulas,...

El instituto de Neus está en obras. ¿Dónde estudia sus asignaturas?
Neus's school is having building work done. Where does she study her subjects?

Ejemplo: *matemáticas – aula de inglés*

Con tu compañero/a, pregunta y contesta.

Ejemplo:
- ¿Dónde estudias (historia)?
- Estudio historia en (el aula de historia).

Lee la descripción del instituto de Eva. ¿Verdad (✓) o mentira (✗)?

1 El instituto de Eva es masculino.
2 El uniforme es obligatorio.
3 Tiene veinte aulas en total.
4 Tiene cuatro laboratorios en total.
5 Tiene un comedor.
6 No es un instituto moderno.

Querida amiga:

Voy a describirte mi instituto.

Estudio en un instituto mixto. No hay uniforme. Se llama el I.E.S. Benito Galdós.

Tiene dieciséis aulas normales y varias aulas especiales: de informática, de música y de tecnología. También tiene un laboratorio de idiomas y tres laboratorios de ciencias.

Tiene una biblioteca, un gimnasio y dos pistas polideportivas. No tiene comedor pero tiene una cafetería. Tiene un salón de actos muy bonito. Me parece un instituto bueno. Me gusta porque no es moderno.

Un saludo,

Eva

Corrige las frases en 4a que son falsas.
*Correct the sentences in **4a** which are wrong.*

Escribe una descripción de tu instituto.

6 ¡Ya llegamos!

a

9.10

Saying how you get to school

1a ¿Cómo llegan al instituto? Escucha y escribe las letras de las fotos en el orden correcto.

How do they get to school? Write the letters of the photos in the correct order.

Ejemplo: *1* – **d**

b

c

d

e

f

g

1b Completa las frases.

Llego al instituto a las …
Llego (a pie/en metro).
Llego (pronto/tarde).

Gramática

llegar	***to arrive, to get to***
llego	*I arrive*
llegas	*you (tú, informal) arrive*
llega	*he/she/it arrives, you (usted, formal) arrive*
llegamos	*we arrive*
llegáis	*you arrive*
llegan	*they arrive, you (formal, plural) arrive*

Para saber más → página 133, 12

1c Haz un sondeo. Pregunta a tus compañeros/as de clase.

Do a survey. Ask your classmates.

Ejemplo:

- ¿A qué hora llegas al instituto, (Jack)?
- Llego a las (8.30). Llego (pronto).
- ¿Cómo llegas?
- (A pie).

Nombre	Hora	Transporte
Jack	8.30 (pronto)	a pie

¿A qué hora llegas/llega al instituto?

Llego/Llega	a las (8.30). pronto/a tiempo/tarde.	
¿Cómo llegas?		
Llego/Llegas	en	autobús. bici. coche. metro. moto. tren.
	a	pie.

2a ¿Quién habla? Empareja las frases con los dibujos.

1 ¡Ya llegamos!
2 ¡Llego tarde!
3 ¡Llegas pronto!
4 ¿A qué hora llegáis?
5 Llega el tren.
6 Llegan a tiempo.

a

b

c

d e f

2b Escucha y comprueba tus respuestas.

3a Rellena los espacios en blanco con la forma correcta del verbo *llegar*.

*Fill in the blanks with the correct form of the verb **llegar**.*

> En mi familia todos ... (1) ... a casa a diferentes horas. Mi padre ... (2) ... a las 2.30 en coche. Mis hermanos pequeños ... (3) ... a pie a las 3.15 y yo ... (4) ... en autobús a las 4.00. Mi madre ... (5) ... en metro a las 6.00. ¿A qué hora y cómo .. (6) ... a casa vosotros?

3b Escribe a qué hora y cómo llegan los miembros de tu familia a casa.

Write at what time and how your family get home.

Resumen

I can …

say which school subjects I like	Me gusta la historia. Me gustan el inglés y la historia. Me gustan mucho las ciencias. Me encanta la música.
say which school subjects I don't like	No me gusta el francés. No me gustan nada las matemáticas. Odio la informática. Detesto la geografía.
say which subjects I quite like/like quite a lot	Me gusta bastante la tecnología.
ask someone which subjects he/she likes	¿Te gusta la religión?
give my opinion about school and school subjects	El español es divertido. Las matemáticas son difíciles. Pienso que la música es relajante. El instituto es bueno.
say which subjects I prefer	Prefiero el inglés.
ask and say what time it is	¿Qué hora es? Es la una. Son las dos menos cuarto. Son las tres y media.
ask and answer questions about my school timetable	¿Qué asignaturas tenemos? Tenemos francés a las diez y media.
ask and answer questions about meal times	¿A qué hora comes? Normalmente como a la una.
say what I have to eat and drink	Generalmente tomo un bocadillo. Siempre bebo agua mineral.
describe my school	Estudio en un instituto mixto. Hay/No hay uniforme. Mi instituto tiene unas aulas, una sala de profesores y una biblioteca.
ask and answer questions about how I get to school	¿Cómo llegas al instituto? Llego a pie y en autobús.

Prepárate

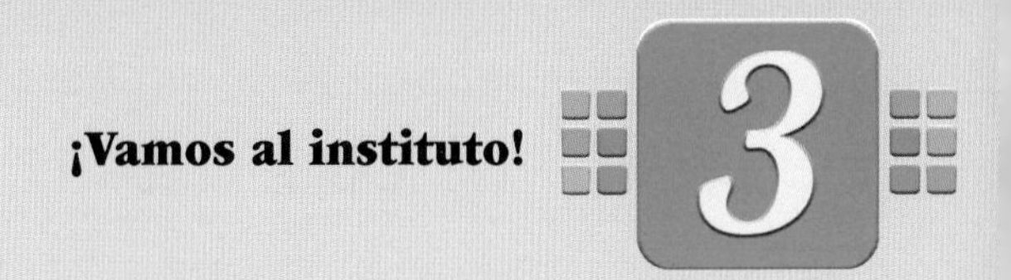

¿Qué hora es? Escribe el orden en que se mencionan las horas.

a 01:30 b  c  d  e 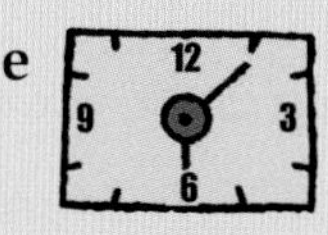

Escucha. ¿Qué asignaturas les gustan a estos jóvenes? Copia y rellena el cuadro.

	la historia	la tecnología	la geografía	el francés	las matemáticas	la educación física	el inglés	la música	la informática	las ciencias
Miguel										
Nicolás										
Esperanza										
Montse										
Andrés										

Con tu compañero/a, empareja las preguntas con las respuestas.

1 ¿Qué asignaturas (no) te gustan?
2 ¿Por qué?
3 ¿A qué hora llegas al instituto?
4 ¿Cómo llegas?
5 ¿Cuándo es la hora de comer?

a En autobús.
b Porque son difíciles.
c A las doce.
d A las nueve.
e Las matemáticas y la tecnología.

Pregunta y contesta para ti.

Mira el horario. ¿Verdad (✔) o mentira (✘)?

1 Las clases empiezan a las diez.
2 El lunes hay matemáticas a las ocho y media.
3 El recreo es a las once.
4 Hay inglés el martes.
5 El martes hay ciencias a las once.
6 No hay inglés el lunes.

El horario

	lunes	martes
8.30–9.30	*matemáticas*	*inglés*
9.30–10.30	*educación física*	*español*
10.30–11.00	R E	C
11.00–12.00	*inglés*	*ciencias*
12.00–1.00	*geografía*	*francés*

Corrige las frases en 4a que son falsas.

Escribe cinco frases para describir tu instituto.

Mi instituto se llama ...
En mi instituto (no) hay un gimnasio/una biblioteca/un comedor ...
tiene (veinte) aulas ...
Mi instituto (no) es moderno/bueno/grande ...

¡Extra! 7 Un instituto en España

¡Hola! Me llamo Juan Ignacio Estévez. Tengo quince años. Soy alumno del Instituto Giner de los Ríos en Segovia. Es un instituto mixto. No hay uniforme. Normalmente llego al instituto a pie o en bicicleta. Llego a las ocho menos cuarto de la mañana. Las clases empiezan a las ocho. Es bastante temprano. Menos mal que tenemos una cafetería en el instituto y en el recreo como un bocadillo y bebo agua o una naranjada. El recreo es de las diez y media a las once. Las clases terminan a las dos.

A mí me gusta mucho la informática. En el instituto tenemos un aula de informática muy buena. También tenemos laboratorios de ciencias, muchas aulas, una biblioteca y un gimnasio. Pienso que las matemáticas, la tecnología, las ciencias y el inglés son todas asignaturas muy importantes y útiles.

El día de la semana que prefiero es el viernes. Primero tenemos matemáticas. Después, a las nueve tenemos informática. A las once hay español, a las doce hay ciencias y terminamos con educación física de la una a las dos.

bastante	*quite, enough*
menos mal que	*fortunately*
temprano	*early*

Leer

1a **¿Qué día de la semana prefiere Juan Ignacio? Escribe el horario de su día favorito.**

DÍA:

8.00	
9.00	
10.30	
11.00	
12.00	
1.00	

Elige los dibujos apropiados.

1 Juan Ignacio tiene: **a** 13 años. **b** 14 años. **c** 15 años.

2 El Instituto Giner de los Ríos es: **a** **b** **c**

3 Juan Ignacio lleva: **a** **b**

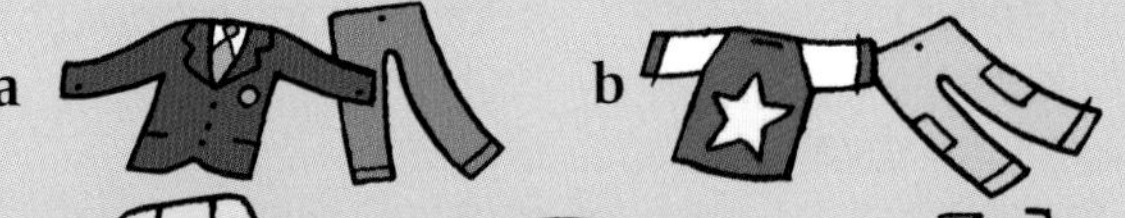

4 Llega al instituto: **a** **b** **c**

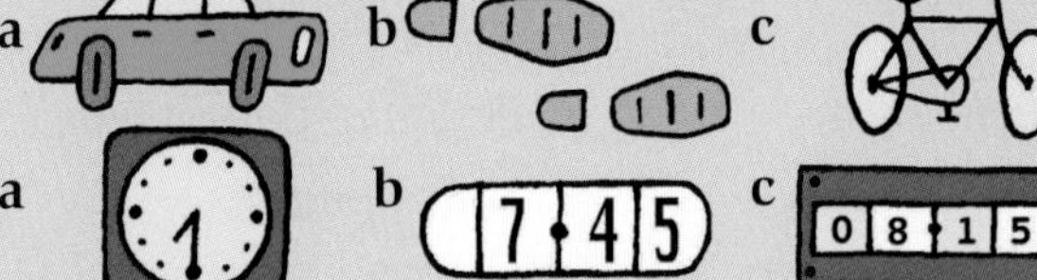

5 Llega al instituto a las: **a** **b** **c**

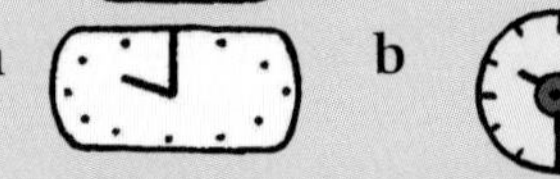

6 El recreo es a las: **a** **b** **c**

7 En el recreo Juan Ignacio come: **a** **b** **c**

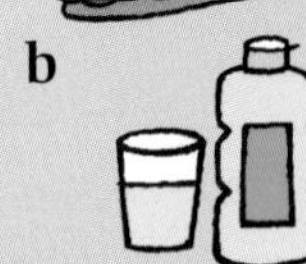

8 Bebe: **a** **b** **c**

Elige las instalaciones que menciona Juan Ignacio.

a 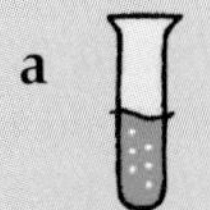 **b** 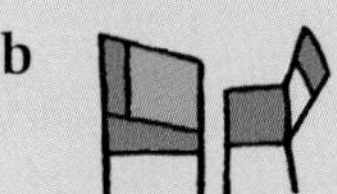  **c**  **d**  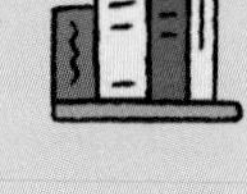 **e**  

f  **g**  **h** 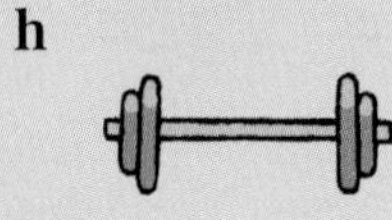 **i** 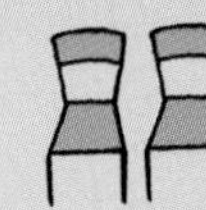 **j** 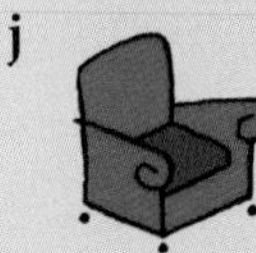

Escucha y elige las asignaturas que le gustan a Juan Ignacio.

Listen and pick the subjects which Juan Ignacio likes.

a  **b** 

c 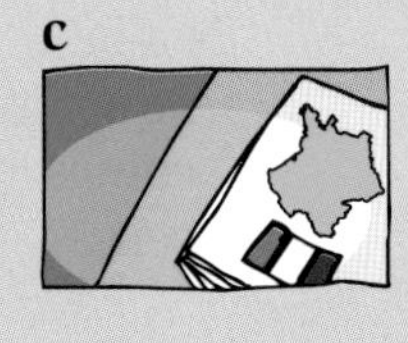 **d**  **e**  **f** 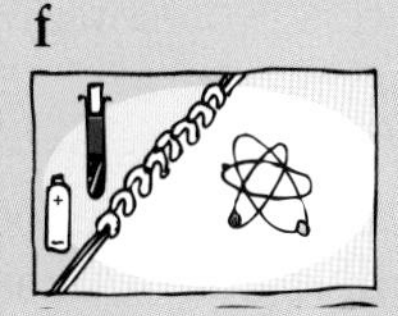

g 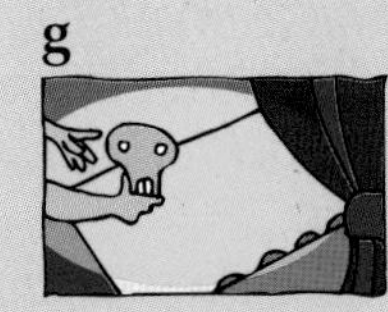 **h**  **i**  **j**  **k** 

Escribe una carta a Juan Ignacio. Describe tu instituto y tu horario.

Palabras

Las asignaturas	*School subjects*
las ciencias	*(combined) science*
la educación física	*P.E.*
el español	*Spanish*
el francés	*French*
la geografía	*geography*
la historia	*history*
la informática	*information technology*
el inglés	*English*
las matemáticas	*maths*
la música	*music*
la religión	*R.E.*
la tecnología	*design and technology*

Tus opiniones	*Your opinions*
¿Te gusta (el español)?	*Do you like (Spanish)?*
¿Te gustan (las matemáticas)?	*Do you like (maths)?*
Me gusta (el español).	*Yes, I like (Spanish).*
No me gusta (el español).	*No, I don't like (Spanish).*
Me gustan (las matemáticas).	*Yes, I like (maths).*
No me gustan (las matemáticas).	*No, I don't like (maths).*
Prefiero …	*I prefer …*
Me encanta …	*I love …*
Me gusta(n) mucho …	*I like … a lot.*
Me gusta(n) bastante …	*I quite like …*
No me gustan(n) nada …	*I don't like … at all.*
Odio …	*I hate …*
Detesto …	*I detest …*
Mi asignatura favorita es …	*My favourite subject is …*
Pienso que …	*I think that …*
(el ingés) es …	*(English) is …*
(los profesores) son …	*(the teachers) are …*
aburrido/a/aburridos/as	*boring*
bueno/a/buenos/as	*good*
divertido/a/divertidos/as	*fun*
difícil/es	*difficult*
fácil/es	*easy*
interesante/s	*interesting*
relajante/s	*relaxing*
simpático/a/simpáticos/as	*nice*
pero	*but*
también	*also*
y	*and*

Los días de la semana	*The days of the week*
lunes	*Monday*
martes	*Tuesday*
miércoles	*Wednesday*
jueves	*Thursday*
viernes	*Friday*
sábado	*Saturday*
domingo	*Sunday*

¿Qué hora es?	*What time is it?*
Es la una.	*It's one o'clock.*
Son las (cinco).	*It's (five) o'clock.*
Son las (cinco) y diez/veinte.	*It's ten/twenty past (five).*
Son las (cinco) y cuarto.	*It's quarter past (five).*
Son las (cinco) y media.	*It's half past (five).*
Son las (seis) menos veinticinco.	*It's twenty-five to (six).*
Son las (seis) menos cuarto.	*It's quarter to (six).*
Son las (seis) menos diez.	*It's ten to (six).*
Son las doce.	*It's twelve o'clock.*

El horario	*The timetable*
Empieza a …	*It begins at …*
Termina a …	*It finishes at …*
¿A qué hora empiezan/terminan las clases?	*What time do (the) lessons begin/end?*
Las clases empiezan/terminan a …	*Lessons begin/end at …*
Tenemos … (a)	*We have … (at)*
después	*then/afterwards*
por la tarde	*in the afternoon*

La hora de comer	*Lunchtime*
¿Cuándo es (la hora de comer)?	*When is (the lunchbreak)?*
Es a la(s) …	*It's at …*
¿A qué hora desayunas/comes/meriendas/cenas?	*What time do you have breakfast/lunch/an afternoon snack/dinner?*
Desayuno/como/meriendo/ceno a la(s) …	*I have breakfast/lunch/an afternoon snack/dinner at …*
¿Qué comes/bebes/tomas?	*What do you eat/drink/have?*
Como/bebo/tomo …	*I eat/drink/have …*

(Lourdes) come …	*(Lourdes) eats …*
(un) agua mineral *(m)*	*(a) mineral water*
un bocadillo	*a sandwich*
(un) café con leche	*(a) white coffee*
(una) Coca Cola	*(a) Coca Cola*
(una) ensalada	*(a) salad*
(unos) espaguetis	*spaghetti*
fruta	*fruit*
una hamburguesa	*a hamburger*
(una) limonada	*(a) lemonade*
(una) naranjada	*(an) orangeade*
(unas) patatas fritas	*chips*
(una) pizza	*(a) pizza*
(una) tostada	*(a piece of) toast*
(un) zumo de naranja	*(an) orange juice*
el desayuno	*breakfast*
la comida	*lunch/dinner*
la merienda	*afternoon snack*
la cena	*supper*
a veces	*sometimes*
generalmente	*usually*
normalmente	*usually*
nunca	*never*
siempre	*always*

Mi instituto — *My school*

¿Dónde estudias?	*Where do you study?*
Estudio en …	*I study in …*
un instituto femenino	*a girls' school*
un instituto masculino	*a boys' school*
un instituto mixto	*a mixed school*
los alumnos	*pupils*
los chicos	*boys and girls*
los profesores	*teachers*
el recreo	*break*
la secretaria	*secretary*
el uniforme	*uniform*
¿Qué tiene tu instituto?	*What does your school have?*
Mi instituto tiene …	*My school has …*
un aula *(f)*	*a classroom*
una biblioteca	*a library*
una cafetería	*a cafeteria*
un comedor	*dining hall*
el despacho de la directora	*the headmistress's office*
un gimnasio	*a gym*
un(os) laboratorio(s)	*laboratory (laboratories)*
un laboratorio de idiomas	*a language lab(oratory)*
un patio	*playground*
unas pistas polideportivas	*sports' pitches*
una sala de profesores	*a staffroom*
un salón de actos	*a hall*
unos servicios	*toilets*
Hay …	*There is/are …*
No hay …	*There isn't/aren't …*
Estudio (historia) en …	*I study (history) in …*

¿Cómo llegas al instituto? — *How do you get to school?*

Llego al instituto …	*I get to school …*
Llega …	*He/She/It arrives …*
en autobús	*by bus*
en bici	*by bike*
en coche	*by car*
en metro	*by underground train*
en moto	*by motorbike*
en tren	*by train*
Llego a pie.	*I walk.*

¿A qué hora llegas? — *What time do you arrive?*

Llego a la(s) …	*I arrive at …*
Llego/llegamos/llegan a casa a la(s) …	*I/We/They arrive home at …*
Llega a casa a la(s) …	*He/She arrives home at …*
a tiempo	*on time*
pronto	*early*
tarde	*late*

mi familia — *my family*

mi padre	*my father*
mi madre	*my mother*
mi hermano pequeño	*my younger brother*
mis hermanos pequeños	*my younger brothers/ brothers and sisters*

Módulo 4 EN CASA

1 ¿Dónde vives?

Talking about your home and saying where it is

Vivo en un chalet.

Escucha y lee. Empareja las casas con las personas. (1–5)
Match up the houses with the people.

Ejemplo: *José – 5*

Vivo en un piso en un bloque antiguo.

Vivo en un piso en un bloque moderno.

Vivo en una casa.

Vivo en una granja.

Haz un sondeo. Pregunta a tus compañeros/as de clase.

Ejemplo:
- ¿Dónde vives?
- Vivo en (una casa).

Nombre	Un piso en un bloque moderno	Un piso en un bloque antiguo	Una casa	Un chalet	Una granja
Sarah			✗		

Con tu compañero/a, pregunta y contesta.

Ejemplo:
- ¿Dónde vive (Sarah)?
- Sarah vive en (una casa).

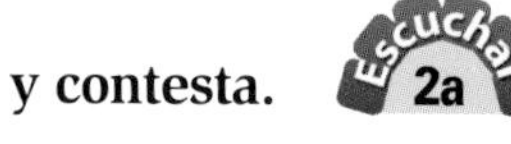

Escucha y repite. Escribe los lugares en el plano en el orden correcto. (1–11)

Ejemplo: *1 – la ciudad*

2b Indica dónde viven las personas en el plano (página 62).
Point to where the people live on the map (page 62).

1 Mi familia y yo vivimos en un piso, está en un barrio en el sur de la ciudad.
Hugo

2 Marina y sus padres viven en un chalet en las afueras de la ciudad, en un barrio en el norte.

3 Diego y Virginia viven en una casa. Está en un pueblo en la costa.

4 Mi nombre es Elisa. Vivo con mi familia en un piso en un bloque antiguo en el centro de la ciudad.

5 Me llamo Montse. Vivo con mis padres. Vivimos en una granja en el campo.

2c Con tu compañero/a, pregunta y contesta. ¿Dónde viven las personas?

Ejemplo:
- ¿Dónde vive Hugo?
- Vive en un piso.
- ¿Dónde está?
- Está en un barrio en el sur de la ciudad.

2d ¿Verdad (✓) o mentira (✗)?

1 Hugo vive en un pueblo.
2 La familia de Marina vive en el norte de la ciudad.
3 Diego y Virginia viven en un piso en el campo.
4 Elisa vive en las afueras.
5 Montse y su familia viven en la costa.

3a Haz un sondeo. Pregunta a tus compañeros/as de clase.

Ejemplo:
- ¿Dónde vives?
- Vivo en (una casa).
- ¿Dónde está tu casa?
- Está en (un barrio en el norte de la ciudad).

3b Escribe dónde vives tú y dónde viven tres o cuatro compañeros/as de clase.

Vivo Vives Vive	en	una casa. un piso (en un bloque moderno/antiguo). un chalet. una granja.
		la/una ciudad. el/un pueblo. el/un barrio. el centro. las afueras. el campo. la costa.
		el norte/el sur/el oeste/el este.

Gramática

vivir	***to live***
vivo	*I live*
vives	*you (tú, informal) live*
vive	*he/she/it lives, you (usted, formal) live*
vivimos	*we live*
vivís	*you (plural, informal) live*
viven	*they live, you (plural, formal) live*

Para saber más → página 133, 12

2 ¿Cómo es tu casa?

Describing your house

Empareja las casas con las frases.

Ejemplo: *1 – b*

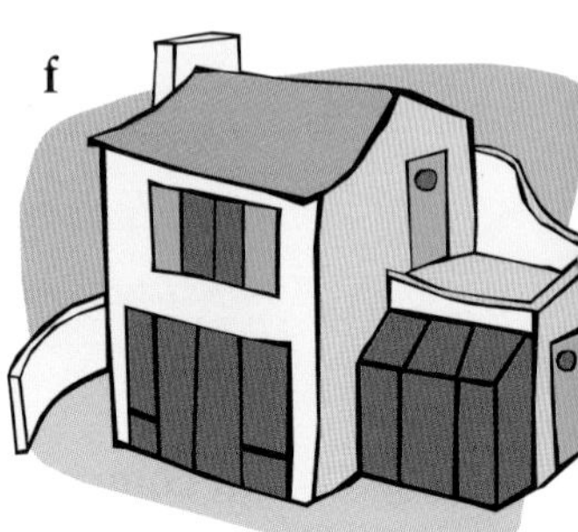

1 Mi casa es grande. Tiene ocho habitaciones.

2 Mi piso es pequeño.

3 Mi casa es nueva.

4 Mi piso es antiguo.

5 Mi casa es adosada.

6 Mi chalet es de tres plantas.

Escucha y comprueba tus respuestas.

Escucha otra vez y repite. Pon atención a la pronunciación.

Mi casa/piso	es	muy/bastante	grande. pequeño/a. nuevo/a. antiguo/a.
		de tres plantas. adosado/a.	
	tiene	cinco habitaciones.	

Identifica las casas.

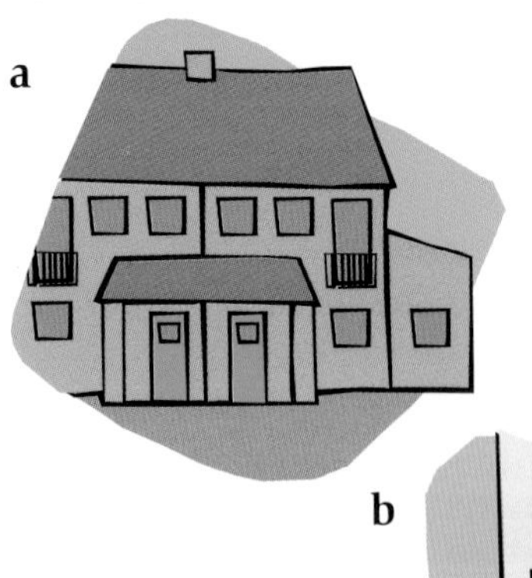

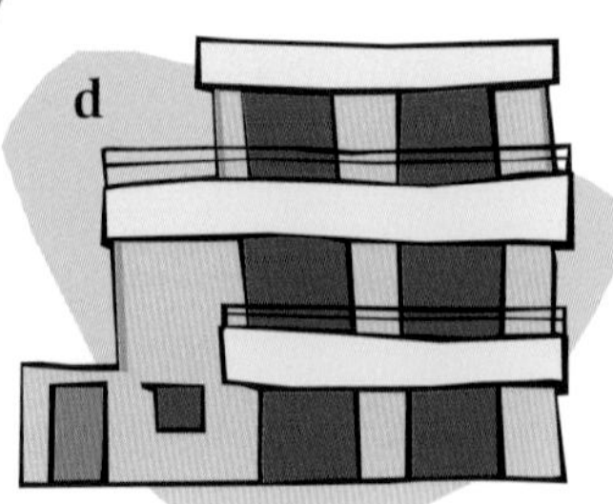

Con tu compañero/a, pregunta y contesta.

- ¿Cómo es (la casa **a**)?
- Es (grande).
- ¿De cuántas plantas es?
- Es de (dos) plantas.
- ¿Cuántas habitaciones tiene?
- Tiene (cinco) habitaciones.
- ¿Te gusta?
- (No) Me gusta porque es (moderna).

Lee las descripciones de las casas de Neus y Eduard. Busca las palabras que no conoces en el diccionario.

Neus
Vivo en las afueras. Mi barrio está en el este de la ciudad. Vivo en una casa adosada. Es moderna y muy cómoda. Es de tres plantas y tiene ocho habitaciones. Tiene jardín, terraza y garaje. Me gusta mucho. Es muy bonita.

Eduard
Vivo en un piso en un bloque de cinco plantas. Está en el centro de la ciudad. Es antiguo pero está reformado. Es bastante pequeño, tiene cuatro habitaciones pero es acogedor. No tiene garaje ni jardín pero tiene balcones. Me gusta porque es antiguo.

¿Verdad (✓) o mentira (✗)?

1. Neus vive en el oeste de la ciudad.
2. Vive en una granja.
3. Su casa tiene tres habitaciones.
4. Le gusta porque es bonita.
5. Eduard vive en el centro de la ciudad.
6. Su piso es muy pequeño.
7. Tiene jardín.
8. No le gusta porque es antiguo.

Con tu compañero/a, pregunta y contesta.

- ¿Dónde vive Neus/Eduard?
- ¿Cómo es la casa de Neus/Eduard?
- ¿De cuántas plantas es?
- ¿Cuántas habitaciones tiene?
- ¿Le gusta? ¿Por qué (no)?
- Vive …
- Es …
- Es de …
- Tiene …
- (No) Le gusta porque …

(No) Me gusta (No) Le gusta	porque es	moderno/a. cómodo/a. bonito/a. acogedor(a).

Escribe una descripción de tu casa.

Vivo en (las afueras). (Mi barrio) está en (el este) de (la ciudad). Vivo en (una casa) (adosada). Es (moderna). Es de (tres) plantas. Tiene (ocho) habitaciones. Me gusta porque es (bonita).

3 El plano de mi casa

Describing the rooms in your house

Las habitaciones

1 la cocina	7 el aseo
2 el salón	8 el pasillo
3 el comedor	9 la escalera
4 el (cuarto de) baño	10 la terraza
5 el dormitorio	11 el garaje
6 el despacho	12 el jardín

Escucha y escribe las habitaciones en el orden correcto.

Ejemplo: *5, …*

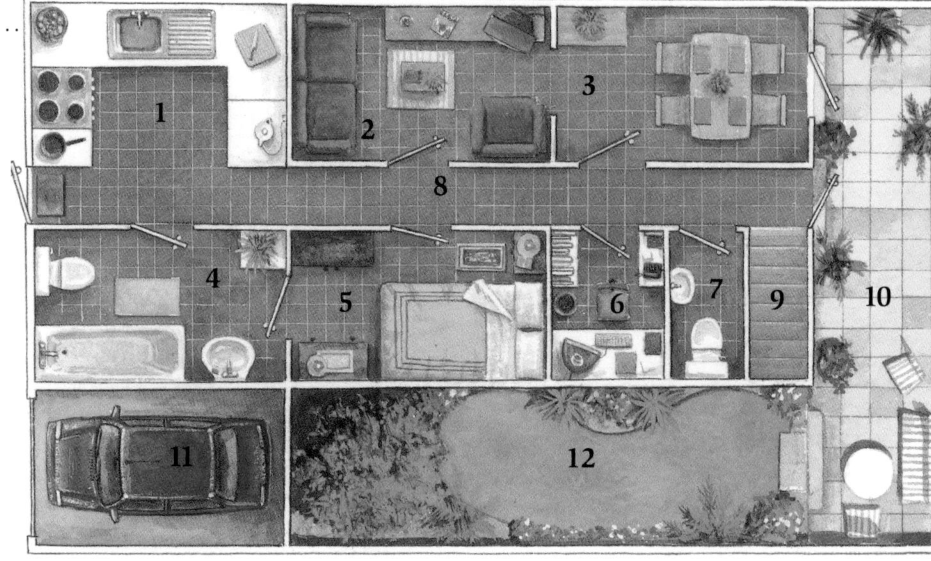

Escucha y repite. Pon atención a la pronunciación.

Con tu compañero/a, pregunta y contesta.

Ejemplo:

- ¿Qué es el número cinco?
- Es el dormitorio. ¿Qué es el número diez?

Escucha y empareja las casas de las personas con los planos. (1–3)

a

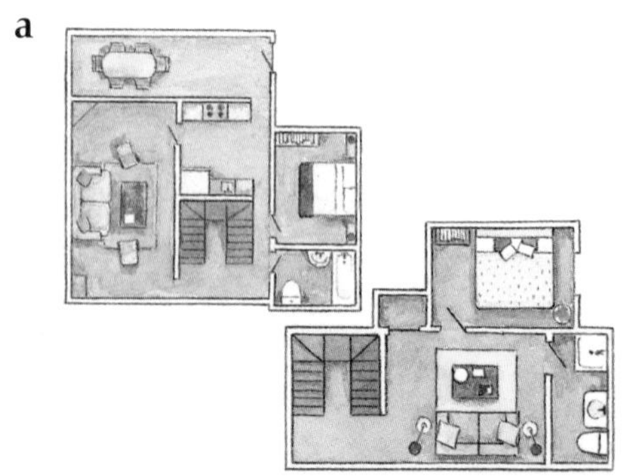

b

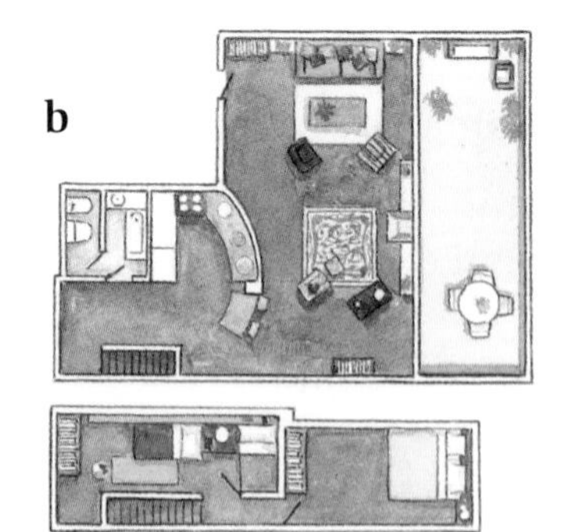

c

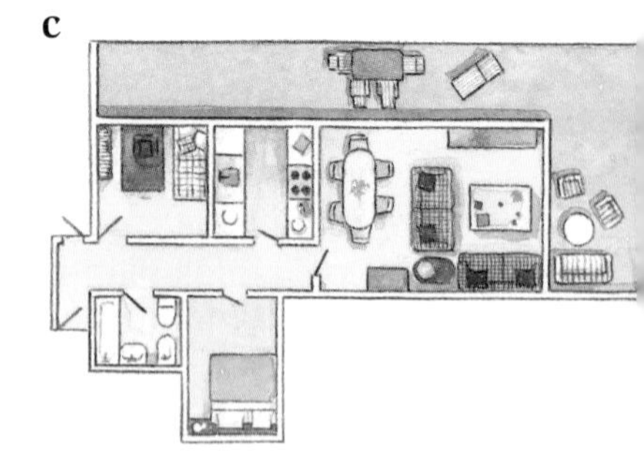

En	mi casa/piso	hay	un/una	cocina(s)	aseo(s)
	la planta baja		dos	salón/salones	pasillo(s)
	la primera planta		tres	comedor(es)	escalera(s)
	el jardín		cuatro	salón-comedor(es)	terraza(s)
			cinco	(cuarto(s) de) baño	garaje(s)
				dormitorio(s)	jardín/jardines
				despacho(s)	

¡OJO!

hay	*there is/are*
tiene	*it has*
el/la/los/las	*the*
un/una/unos/unas	*a, an, some*

2b Hablar **Con tu compañero/a, describe las casas de las personas en 2a.**

pero *but*

Ejemplo:

● ¿Hay un despacho en **a**? ● No hay un despacho pero hay dos dormitorios.

3a Escuchar **Escucha y repite. Pon atención a la pronunciación.**

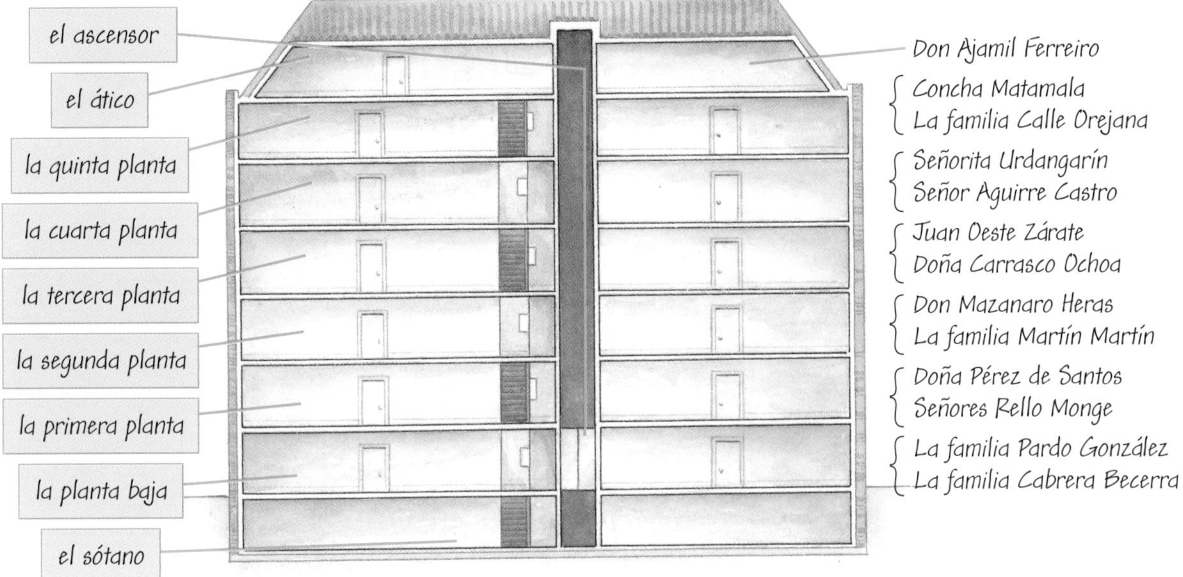

3b Escuchar **¿Qué personas se mencionan y dónde viven? (1–8)**

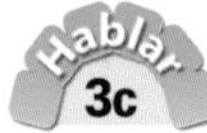

3c Hablar **Con tu compañero/a, pregunta y contesta.**

Ejemplo:

● ¿Dónde vive (Doña Carrasco Ochoa)?

● Vive en la tercera planta.

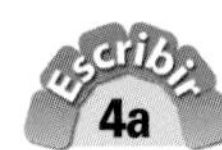

4a Escribir **Copia y completa.**

Mi [ ] es bastante grande. Está en las afueras. Es de 2 plantas. En la planta baja hay un [ ], una [ ] y un [ ]. Hay un [ ] y unas [ ]. En la primera planta hay un [ ], el dormitorio de mis padres, el dormitorio de mis [ ] [ ] y un [ ]. Mi [ ] está en el ático. Hay un [ ], con una [ ] y un [ ]. Me gusta mucho mi casa porque es bonita.

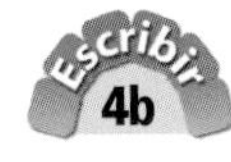

4b Escribir **Escribe una descripción de la casa de tus sueños.**

Write a description of your dream house.

Ejemplo: *La casa de mis sueños es (muy grande). Es de (cuatro) plantas. En la (planta baja) hay ...*

4 Mi dormitorio

Describing your bedroom

1a Escucha y escribe las cosas en el orden correcto. (1–15)

Ejemplo: 1 – *f*

a el armario
b las estanterías
c la mesa
d la silla
e los pósters
f la cama
g la lámpara
h el ordenador
i la puerta
j la televisión
k el equipo de música
l la ventana
m la pared
n la alfombra
o las cortinas

1b Escucha otra vez y repite. Pon atención a la pronunciación.

1c Con tu compañero/a, indica un dibujo en 1a. Tu compañero/a dice el nombre apropiado.

Ejemplo:
- ¿Qué es?
- Es/Son …

1d Con tu compañero/a, pregunta y contesta.

Ejemplo:
- ¿Qué hay en tu dormitorio?
- Hay (una cama, …)

2a Escucha y repite. Pon atención a la pronunciación.

2b Con tu compañero/a, mueve tus manos en el orden mencionado.
With your partner, move your hands as you are told.

Ejemplos:
- ¡Detrás!

¡Hola!
Mi dormitorio es bastante grande. En mi dormitorio tengo dos camas. Enfrente de las camas está la puerta. A la derecha de la puerta hay una mesa y una silla. Encima de la mesa está el ordenador. A la izquierda de la puerta está el armario. El armario está enfrente de las ventanas. Entre las ventanas están las estanterías. En las estanterías están mi equipo de música y mis libros. Las cortinas son amarillas. La alfombra es gris y las paredes son blancas. En las paredes tengo pósters.
Un abrazo
Emilia

Dibuja un plano del dormitorio de Emilia.

Mira el dibujo. ¿Verdad (✓) o mentira(✗)?

1 En el dormitorio hay un armario.
2 Encima de la mesa hay una lámpara.
3 Al lado de la mesa hay una ventana.
4 A la derecha de la mesa hay una silla.
5 Hay una estantería en la pared con un equipo de música.
6 Encima de la estantería hay pósters.
7 Los muebles son marrones.

Corrige las frases en 3b que son falsas.

Escucha y lee la canción. Contesta a las preguntas. Busca las palabras que no conoces en el diccionario.

Enfrente del armario
Está el escritorio.
Al lado de la cama
Está la butaca.
Delante de la silla
Está la mesa.
Y en la mesa está el ordenador.

Mi lugar privado
Es mi dormitorio.
Mi lugar privado
Donde voy si estoy cansado.

En las paredes
Están los carteles.
En las ventanas
Están las persianas.
En la estantería
Están los libros mios.
Y el espejo está en el tocador.

Mi lugar privado
Es mi dormitorio.
Mi lugar privado
Donde voy para estar relajado.

Enfrente de la puerta
Está la butaca.
Delante de la cama
Está la televisión.
A la izquierda del lavabo
Está mi equipo.
Y sobre la mesilla está mi reloj.

Mi lugar privado
Es mi dormitorio.
Mi lugar privado
Donde voy para estar tranquilo.

1 ¿Qué hay al lado de la cama?
2 ¿Qué hay en las ventanas?
3 ¿Dónde está la televisión?
4 ¿Qué hay en la estantería?
5 ¿Qué hay enfrente del armario?

Escribe una descripción de tu dormitorio.

5 Por la mañana

Talking about your daily routine

Escucha y repite.

a *Me despierto.*

b *Me levanto.*

c *Me ducho.*

d *Me visto.*

e *Me peino.*

f *Desayuno.*

g *Me lavo los dientes.*

Escucha y escribe el orden. (1–7)

Ejemplo: *a, …*

Con tu compañero/a, habla de tu rutina diaria.

With your partner, talk about your daily routine.

Ejemplo:

- Me despierto …
- Me levanto …
- Me ducho …
- Desayuno …

Escribe la hora que se menciona en cada respuesta.

Write the time mentioned in each answer.

Ejemplo: *1 – 6.30*

1

2

3

4

5

Con tu compañero/a, pregunta y contesta sobre tu rutina diaria.

Ejemplo:

- ¿A qué hora te despiertas?
- Me despierto a las (siete).

¿A qué hora	te despiertas?
	te levantas?
	te duchas?
	te vistes?
	te peinas?
	te lavas los dientes
	desayunas?

Me despierto	a las …
Me levanto	
Me ducho	
Me visto	
Me peino	
Me lavo los dientes	
Desayuno	

Mira el dibujo. ¿Qué dice Pablo? Elige las frases apropiadas.

tarde	*late*
temprano	*early*

Gramática

Reflexive verbs

levantarse	***to get up***
me levanto	*I get up*
te levantas	*you (tú, informal) get up*
se levanta	*he/she/it gets up*
	you (usted, formal) get up
despertarse	***to wake up***
me desp**ie**rto	*I wake up*
te desp**ie**rtas	*you (tú, informal) wake up*
se desp**ie**rta	*he/she/it wakes up*
	you (usted, formal) wake up
vestirse	***to get dressed***
me v**i**sto	*I get dressed*
te v**i**stes	*you (tú, informal) get dressed*
se v**i**ste	*he/she/it gets dressed*
	you (usted, formal) get dressed

Me, **te**, *and* **se** *are used with these verbs. They mean 'myself'* (me), *'yourself'* (te), *'himself/herself'* (se).

Para saber más → página 135, 16

Escribir 6 **Escribe cuatro frases sobre lo que haces por la mañana los fines de semana.**
Write four sentences about what you do in the morning at weekends.

6 Por la tarde

Talking about what you do after school

1a Empareja las frases con las fotos.

a Hago los deberes a las tres y cuarto.
b Como en casa a las dos y media.
c Meriendo a las cinco: un yogur, galletas y un vaso de leche.
d Me acuesto a las once.
e ¡Me divierto con mis amigos!
f Después de cenar, a las nueve y media veo la televisión.
g Ceno a las nueve.

ceno	*I have supper*
como	*I eat*
hago	*I do*
me acuesto	*I go to bed*
me divierto	*I have a good time*
meriendo	*I have a snack*
tengo	*I have*
veo la televisión	*I watch TV*

1b Escucha y comprueba tus respuestas.

1c **¿Qué contesta Eduard a estas preguntas? Escribe sus respuestas.**
What does Eduard say in answer to these questions? Write his answers.

1. ¿Comes en el instituto o en casa?
2. ¿A qué hora comes?
3. ¿Cuándo haces los deberes?
4. ¿A qué hora meriendas?
5. ¿A qué hora cenas?
6. ¿Qué haces después de cenar?
7. ¿A qué hora te acuestas?

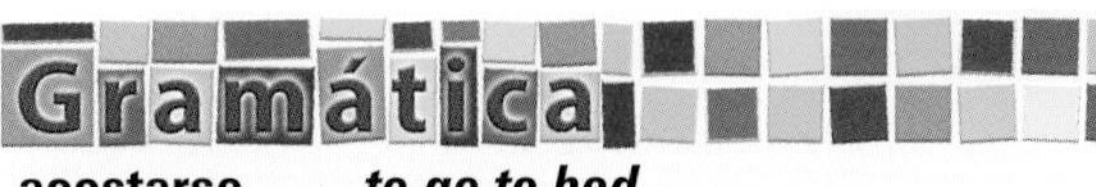

acostarse	***to go to bed***
me ac**ue**sto	*I go to bed*
te ac**ue**stas	*you (tú, informal) go to bed*
se ac**ue**sta	*he/she/it goes to bed* *you (usted, formal) go to bed*
divertirse	***to enjoy yourself***
me div**ie**rto	*I enjoy myself*
te div**ie**rtes	*you (tú, informal) enjoy yourself*
se div**ie**rte	*he/she/it enjoys him/her/itself* *you (usted, formal) enjoy yourself*

Para saber más → página 135, 16

1d **Con tu compañero/a, haz y contesta a las preguntas en 1c.**

Ejemplo:

● ¿Comes en el instituto o en casa?
● Como (en el instituto).

● ¿A qué hora comes?
● Como a las (doce).

2a **Lee la carta. Decide si las frases son verdad (✓) o mentira (✗). Busca las palabras que no conoces en el diccionario.**

¡Hola Eddie!

¿Qué tal? En tu carta me preguntas: ¿Cómo es un día en tu vida? Pues, ahora te lo explico.

De lunes a viernes me levanto temprano, a las seis y media. Desayuno normalmente un vaso de leche y pan tostado pero a veces tomo cereales. Luego, a las ocho, ¡al instituto! Las clases terminan a las dos de la tarde. Como en casa con mi familia a las dos y media o a las tres. Por la tarde, hago los deberes. Los lunes y los miércoles tengo una clase particular de inglés, de seis a siete. Después veo la televisión o me divierto por ahí con mis amigos. Ceno en casa a las nueve, y a las once y media me acuesto.

¿Cómo es un día en tu vida? ¿Te levantas temprano? ¿A qué hora? ¿Qué desayunas? ¿A qué hora terminan las clases? ¿Comes en casa o en el instituto? ¿Qué haces por la tarde? ¿A qué hora cenas y a qué hora te acuestas?

¡Cuántas preguntas! ¡Escríbeme pronto y contéstalas!

Felipe

1. Felipe se levanta a las 6.30.
2. Siempre desayuna cereales con leche.
3. Felipe no come en el instituto.
4. La hora de comer en su casa es a las 2.30 o a las 3.00.
5. Los lunes y los miércoles tiene una clase de francés.
6. A veces por la tarde Felipe se divierte por ahí con sus amigos.
7. Cena en casa a las 9.00.
8. Se acuesta a las nueve y media.

2b **Escribe una carta a Felipe y contesta a sus preguntas.**

Resumen

I can ...

talk about my home	Vivo en un piso/una casa/un chalet/una granja.
say where my home is	Vivo en el centro de la ciudad. Mi casa está en un barrio.
say where others live	Viven en un chalet en la costa. María vive en un pueblo en el sur.
describe my home	Mi casa es grande. Mi piso es pequeño y nuevo. Tiene seis habitaciones.
say what rooms are in my home	En mi casa hay una cocina, tres dormitorios y un salón.
say which rooms are on which floor	En la primera planta hay un cuarto de baño.
say what is in my bedroom	En mi dormitorio hay una cama, un armario, una mesa y un ordenador.
say where things are in my bedroom	A la izquierda de la ventana hay dos sillas. La lámpara está encima de la mesa.
talk about my daily routine	Me despierto y me levanto a las siete y cuarto. Después me ducho y me peino.
ask someone about his/her daily routine	¿A qué hora te levantas?
say what I do after school	Hago los deberes a las cinco. Después de cenar, veo la televisión. Me acuesto bastante tarde, a las diez y media.

Prepárate

Escucha y completa las frases con las palabras apropiadas.

1 Martín se levanta a las …
 a 7.00.
 b 7.30.
 c 8.00.
2 Las clases empiezan a las …
 a 8.00.
 b 8.30.
 c 9.00.
3 Las clases terminan a la(s) …
 a 1.00.
 b 2.00.
 c 3.00.
4 Por la tarde, Martín …
 a no hace sus deberes.
 b hace sus deberes.
 c ve la televisión.
5 Después de cenar …
 a hace los deberes.
 b ve la televisión.
 c se divierte con sus amigos.
6 Se acuesta a las …
 a 10.00.
 b 11.00.
 c 12.00.

Con tu compañero/a, empareja las preguntas con las respuestas.

1 ¿A qué hora te despiertas?
2 ¿A qué hora te levantas?
3 ¿Te lavas, te duchas o te bañas por la mañana?
4 ¿Cuándo haces los deberes?
5 ¿Qué haces después de cenar?
6 ¿A qué hora te acuestas?

a Los hago por la tarde.
b A las siete.
c A las diez y media.
d Veo la televisión.
e A las seis y media.
f Me ducho.

Pregunta y contesta para ti.

Lee la carta de Patricio y contesta a las preguntas en inglés.

1 Where does Patricio live?
2 How many floors does his block have?
3 On which floor is his flat?
4 Where is the district he lives in?
5 What is the flat like?
6 How many bedrooms does it have?
7 What else does it have?
8 Does he like it? Why (not)?

Querido amigo:
Vivo en un piso. Mi piso está en la tercera planta de un bloque de diez plantas. Está en las afueras de Málaga. Mi barrio está en el oeste de la ciudad.
Mi piso es grande y tiene ocho habitaciones, terraza y garaje. Hay el dormitorio de mis padres, el dormitorio de mi hermano, el dormitorio de mi abuela y mi dormitorio. También hay un cuarto de baño, un salón-comedor, una cocina y un aseo. Me gusta mucho mi piso porque es muy bonito.
¿Cómo es tu casa?
Patricio

Escribe una respuesta a la carta de Patricio.

Mi piso/casa está en la ciudad/un pueblo …
Mi piso/casa es nuevo/a / pequeño/a.
Mi piso/mi casa tiene …
En mi piso/casa hay …
(No) me gusta porque …

¡Extra! 7 Mi casa

1a Escucha y lee el texto. Busca las palabras que no conoces en el diccionario.

Fichero Nuevo Imprimir Instrumentos

Vivo en Mataró, en el noreste de España. Está en la costa, a 30 kilómetros al norte de Barcelona.

Vivimos en una casa. Está en el centro de la ciudad. Es moderna y bastante grande. Es de dos plantas. En la planta baja tenemos una cocina, un salón-comedor y un despacho. Arriba, en el primer piso hay dos dormitorios y un cuarto de baño.

Abajo, tenemos una terraza, un garaje y un jardín.

Mi dormitorio es pequeño y cómodo. Las paredes son amarillas y la alfombra es azul. Las cortinas son azules. Hay una cama alta con una escalera. Debajo de la cama hay un escritorio, una silla y una librería. En el escritorio hay una lámpara y un ordenador. Entre el armario y la cama hay un tocador y encima del tocador hay un espejo. También tengo un equipo de música, unos pósters, muchos discos compactos ¡y una gran colección de peluches!

Los fines de semana y durante las vacaciones, me despierto bastante tarde. Me levanto pero no me visto. Desayuno y luego escucho música en mi dormitorio.

Marina

1b Dibuja un plano de la casa de Marina o de su dormitorio. Escribe los nombres de los cuartos/muebles en el plano.

Draw a plan of Marina's house or her room.
Write the names of the rooms/furniture on the plan.

1c Con tu compañero/a, haz y contesta a las preguntas.

1 ¿Dónde vive Marina?
2 ¿Vive en el campo, en la montaña o en la costa?
3 ¿Vive en un piso o en una casa?
4 ¿La casa está en las afueras?
5 ¿Cómo es la casa?
6 ¿Cuántas plantas tiene?
7 ¿Qué hay en la planta baja?
8 ¿Tiene una terraza?
9 ¿En qué planta está el dormitorio de Marina? ¿Cómo es?
10 ¿Qué hace Marina los fines de semana?

1d Escribe las respuestas a las preguntas en 1c.

1e Escribe una descripción similar de tu casa.

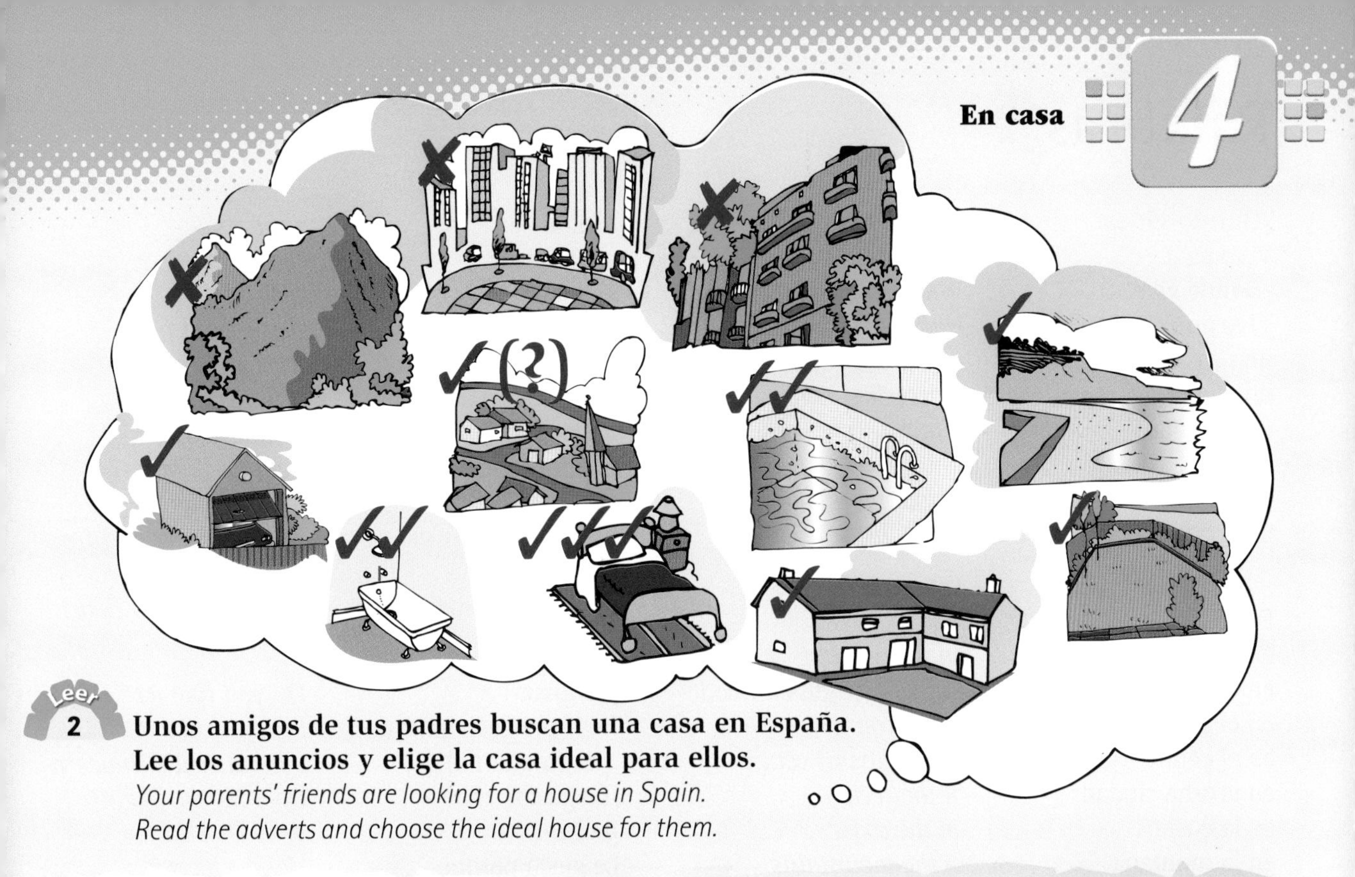

Leer 2 **Unos amigos de tus padres buscan una casa en España. Lee los anuncios y elige la casa ideal para ellos.**

Your parents' friends are looking for a house in Spain. Read the adverts and choose the ideal house for them.

1 PUEBLO DE MONTAÑA

Casa antigua, totalmente reformada, centro del pueblo, salón con chimenea, cocina, 2 dormitorios, 1 baño, terraza.

3 TEIÀ – SAN BERGER TORRE EN VENTA

Torre individual nueva a estrenar. Amplio salón-comedor con salida al jardín y maravillosas vistas al mar, 4 dormitorios, 2 baños, cocina equipada, garaje (2 coches), piscina fantástica.

2 PISOS EN BARCELONA

Calle Muntaner
Piso nuevo, centro ciudad. Gran salón-comedor, cocina, 3 dormitorios, 1 ducha, 1 baño.

4 PISOS EN LA COSTA

Piso moderno, 5º piso, maravillosas vistas al mar, salón cómodo, comedor, cocina equipada, 4 dormitorios, 2 baños.

Hablar 3 **Con tu compañero/a haz y contesta a las preguntas y elige la casa ideal de los anuncios en 2 para él/ella.**

1. ¿Dónde está tu casa ideal? ¿En la costa, en el centro de la ciudad, en la montaña?
2. ¿Es moderna o antigua?
3. ¿Es una casa o un piso?
4. ¿Cuántos dormitorios tiene?
5. ¿Qué más tiene?

Palabras

¿Dónde vives?	*Where do you live?*
Vivo en …	*I live in …*
¿Dónde vive(n) …?	*Where does (do) … live?*
Vive en …	*He/She/It lives in …*
una casa	*a house*
un chalet	*a detached house/villa*
una granja	*a farm*
un piso	*a flat*
un bloque antiguo	*an old block of flats*
un bloque moderno	*a new block of flats*

¿Dónde está?	*Where is it?*
Está …	*It's …*
en las afueras	*on the outskirts*
en el/un barrio	*in the/a neighbourhood*
en el campo	*in the country*
en el centro	*in the (town) centre*
en la/una ciudad	*in the/a city*
en la costa	*on the coast*
en la montaña	*in the mountains*
en el/un pueblo	*in the/a town, village*
el este	*east*
el norte	*north*
el oeste	*west*
el sur	*south*

Mi casa	*My house*
¿Cómo es tu casa/ tu piso?	*What's your house/flat like?*
Mi casa/piso es …	*My house/flat is …*
acogedor(a)	*cosy*
adosado/a	*semi-detached*
antiguo/a	*old*
bonito/a	*pretty*
cómodo/a	*comfortable*
grande	*big*
moderno/a	*modern*
nuevo/a	*new*
pequeño/a	*small*
reformado	*renovated*
muy	*very*
bastante	*quite*
¿De cuántas plantas es?/ Cuántas plantas tiene?	*How many floors has it got?*
Es de (tres) plantas./ Tiene (tres) plantas.	*It's got (three) floors.*
abajo	*downstairs*
arriba	*upstairs*
el ascensor	*the lift*
el ático	*the attic*
la planta baja	*the ground floor*
la primera/segunda/ tercera/cuarta/quinta planta	*the first/second/ third/fourth/ fifth floor*
el primer piso	*the first floor*
el sótano	*the basement*
¿Qué hay en (la planta baja)?	*What is there on (the ground floor)?*
En (la planta baja) hay …	*On the (ground floor) there is/are …*

¿Te gusta?	*Do you like it?*
(No) me gusta porque es (moderna).	*I (don't) like it because it's (modern).*
¿Le gusta?	*Does he/she like it?*
¿Por qué (no)?	*Why (not)?*
Le gusta porque …	*He/She likes it because …*
No le gusta porque …	*He/She doesn't like it because …*

Las habitaciones	*The rooms*
¿Cuántas habitaciones tiene?	*How many rooms does it have?*
Tiene (cinco) habitaciones.	*It has (five) rooms.*
Hay …	*There is/are …*
el aseo	*toilet*
el (cuarto de) baño	*bathroom*
(dos) baños/cuartos de baño	*(two) bathrooms*
la cocina	*kitchen*
el comedor	*dining room*
el despacho	*office*
el dormitorio	*bedroom*
la ducha	*shower*
la escalera	*stairs*
el garaje	*garage*
el jardín	*garden*
el pasillo	*corridor*
la piscina	*swimming pool*
el salón	*the living room*
(dos) salones	*(two) living rooms*
el salón-comedor	*lounge-diner*
(dos) salón-comedores	*(two) lounge-diners*
la terraza	*terrace*
una vista al mar	*a view of the sea*

Mi dormitorio	My bedroom
¿Qué hay en tu dormitorio?	*What is there in your bedroom?*
la alfombra	*rug*
el armario	*wardrobe*
la cama	*bed*
las cortinas	*curtains*
el equipo de música	*sound system*
las estanterías	*shelves*
la lámpara	*lamp*
el lavabo	*washbasin*
la librería	*bookcase*
la mesa	*table*
el ordenador	*computer*
la pared	*wall*
los pósters	*posters*
la puerta	*door*
la silla	*chair*
la televisión	*television*
la ventana	*window*
¿Qué es?	*What is it?*
Es/Son …	*It's/They are …*

¿Dónde?	Where?
a la derecha (de)	*to the right (of)*
a la izquierda (de)	*to the left (of)*
al lado de	*next to*
debajo (de)	*below*
delante (de)	*in front (of)*
detrás (de)	*behind*
encima (de)	*on (top) (of)*
enfrente (de)	*opposite*
entre	*between*

Mi rutina diaria	My daily routine
¿A qué hora te despiertas/te levantas/te duchas/te vistes/te peinas/te lavas los dientes?	*What time do you wake up/get up/have a shower/get dressed/comb your hair/brush your teeth?*
Me despierto a las (siete)	*I wake up at (seven o'clock)*
Me levanto a las …	*I get up at …*
Me ducho a las …	*I have a shower at …*
Me visto a las …	*I get dressed at …*
Me peino a las …	*I comb my hair at …*
Me levanto a las once y media de la mañana.	*I get up at 11.30 a.m.*
(No) me despierto/me levanto temprano.	*I (don't) wake up/get up early.*
¿A qué hora desayunas?	*What time do you have breakfast?*
Desayuno a las …	*I have breakfast at …*
Desayuno …	*For breakfast I have …*
cereales	*cereal*
el pan tostado	*toast*
un vaso de leche	*a glass of milk*
los lunes/martes …	*on Mondays/Tuesdays …*
los fines de semana …	*at the weekends …*
por la mañana	*in the morning*
primero	*first of all*
tarde	*late*
temprano	*early*

Por la tarde	In the afternoon/evening
¿Comes en el instituto o en casa?	*Do you eat at school or at home?*
Como (en casa).	*I eat (at home).*
¿A qué hora comes/meriendas/cenas?	*What time do you eat/have an afternoon snack/have supper?*
Como/meriendo/ceno a la(s) …	*I eat/have an afternoon snack/have supper at …*
¿Cuándo haces los deberes?	*When do you do your homework?*
Hago los deberes a …	*I do my homework at …*
¿Qué haces después de cenar?	*What do you do after supper?*
Después de cenar (veo la televisión).	*After supper (I watch TV).*
¡Me divierto (con mis amigos)!	*I have fun (with my friends)!*
¿A qué hora te acuestas?	*What time do you go to bed?*
Me acuesto a (las once).	*I go to bed at (eleven o'clock).*
Las clases terminan a las …	*Lessons finish at …*

Una carta	A letter
¡Hola!	*Hi!/Hello!*
Escríbeme pronto.	*Write to me soon.*
Un abrazo	*A hug/Love*

1 Voy al polideportivo

Saying where you are going

Escribe las letras de los lugares en el orden correcto. (1–10)
Listen and write the places in the correct order.

a el centro comercial

b el cine

c el parque

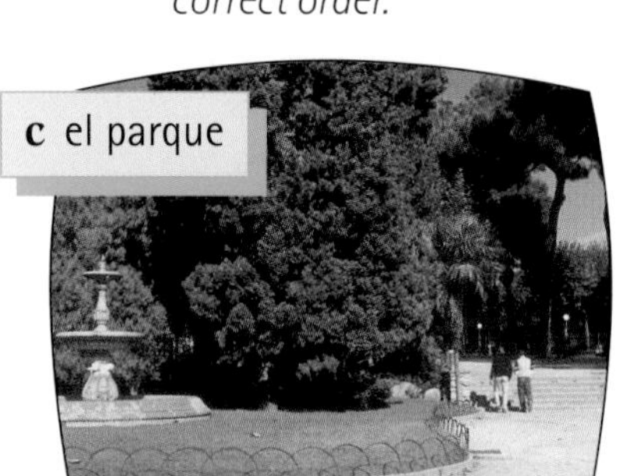

d la plaza de toros

e el polideportivo

f la tienda de regalos

g el estadio

h la playa

i la estación de autobuses

j la estación de trenes/de RENFE

Gramática

ir	***to go***
voy	*I go*
vas	*you (tú, informal) go*
va	*he/she/it goes* *you (usted, formal) go*
vamos	*we go*
vais	*you go*
van	*they go* *you (plural, formal) go*

How to say 'to'

a + el = al → Voy **al** cine.

a + la = a la → Voy **a la** playa.

Para saber más → página 133, 13

Escucha y elige el lugar apropiado. (1–10)

Escucha y escribe los destinos. (1–8)
Listen and write the destinations.

Ejemplo: 1 – *a*

4 **¿Adónde van las personas en los dibujos? Copia y completa las frases.**
Where are the people in the pictures going? Copy and complete the sentences.

Ejemplo:

a

5a **Mira los lugares en 1. Con tu compañero/a, pregunta y contesta.**

Ejemplo:

- ¿Adónde vas?
- Voy al centro comercial.

5b **Escribe una frase para cada lugar en 1.**

Ejemplo:
a – Voy al centro comercial.

¿Adónde vas?		
Voy	al	cine.
	a la	playa.

6 **Mira los dibujos y escribe frases.**

Ejemplo:
Marina va al polideportivo.

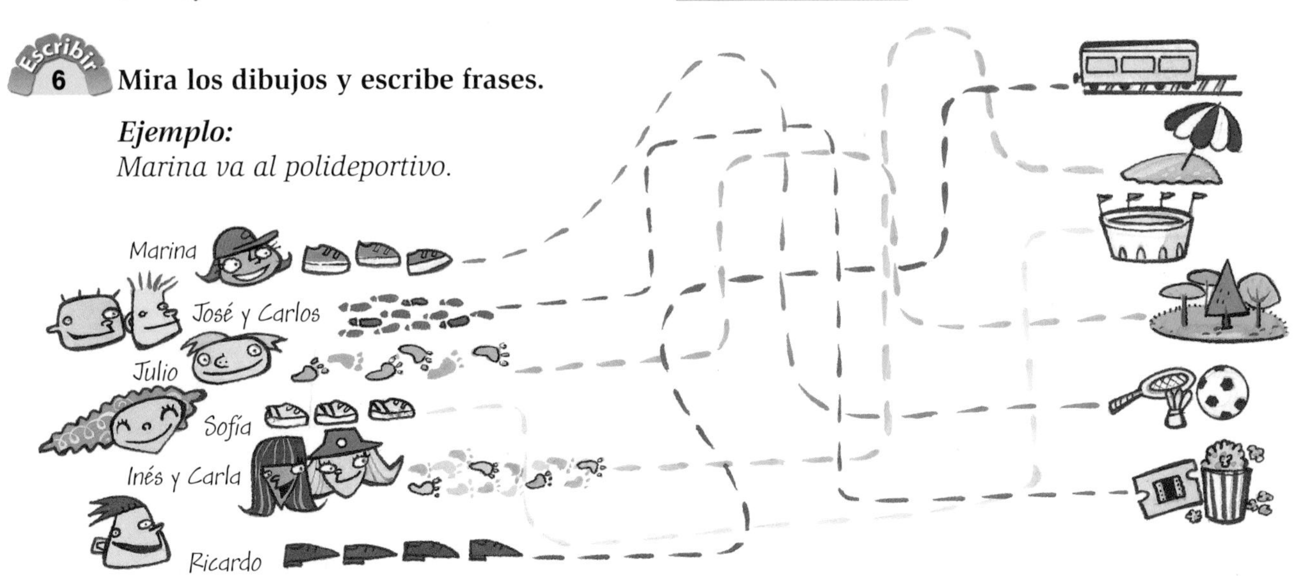

7 **Lee el diálogo. Con tu compañero/a, escribe un diálogo similar.**

- ¡Hola,(Pedro)! ¿Qué tal?
- Bien. ¿Y tú?
- Fenomenal. Oye, ¿adónde vas?
- Voy (al instituto). Y tú, ¿adónde vas?
- Voy (a la playa).
- ¡Qué bien! Pues, hasta luego.
- Adiós. Hasta luego.

2 ¿Por dónde se va al Corte Inglés?

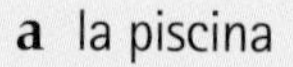

Giving and understanding directions

a la piscina
b la catedral
c la oficina de turismo
d el mercado
e el Corte Inglés
f el café de Internet

Escucha y repite.

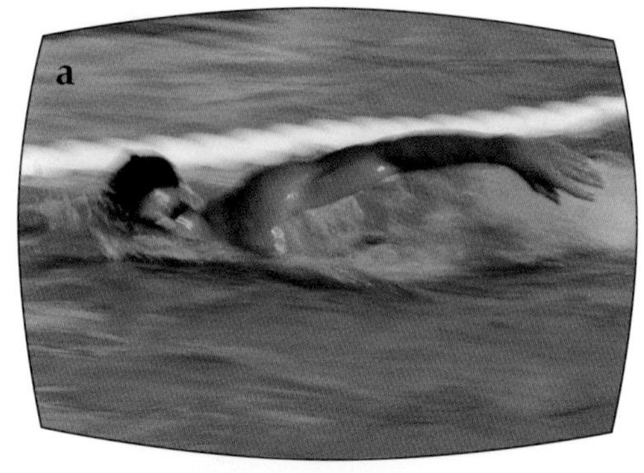

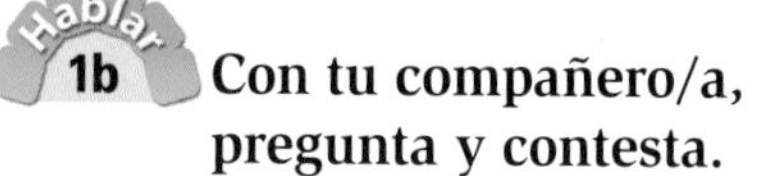

Con tu compañero/a, pregunta y contesta.

Ejemplo:
- ¿Qué es **a**?
- Es la piscina. ¿Qué es **b**?

Escucha e indica la dirección con la mano.
Listen and indicate the directions with your hand.

Con tu compañero/a, dibuja una flecha y dice la dirección.
With your partner, draw an arrow and say the direction.

Ejemplo:
- ↑
- Todo recto/Todo derecho.

¿Adónde van? Escucha y escribe el lugar y la dirección. (1–6)

Ejemplo: *1 – a* ↑

5a Mira el mapa. Escucha y escribe la letra apropiada para cada lugar. (1–7)
Look at the map. Listen and write the correct letter for each place.

Ejemplo: *la oficina de turismo – G*

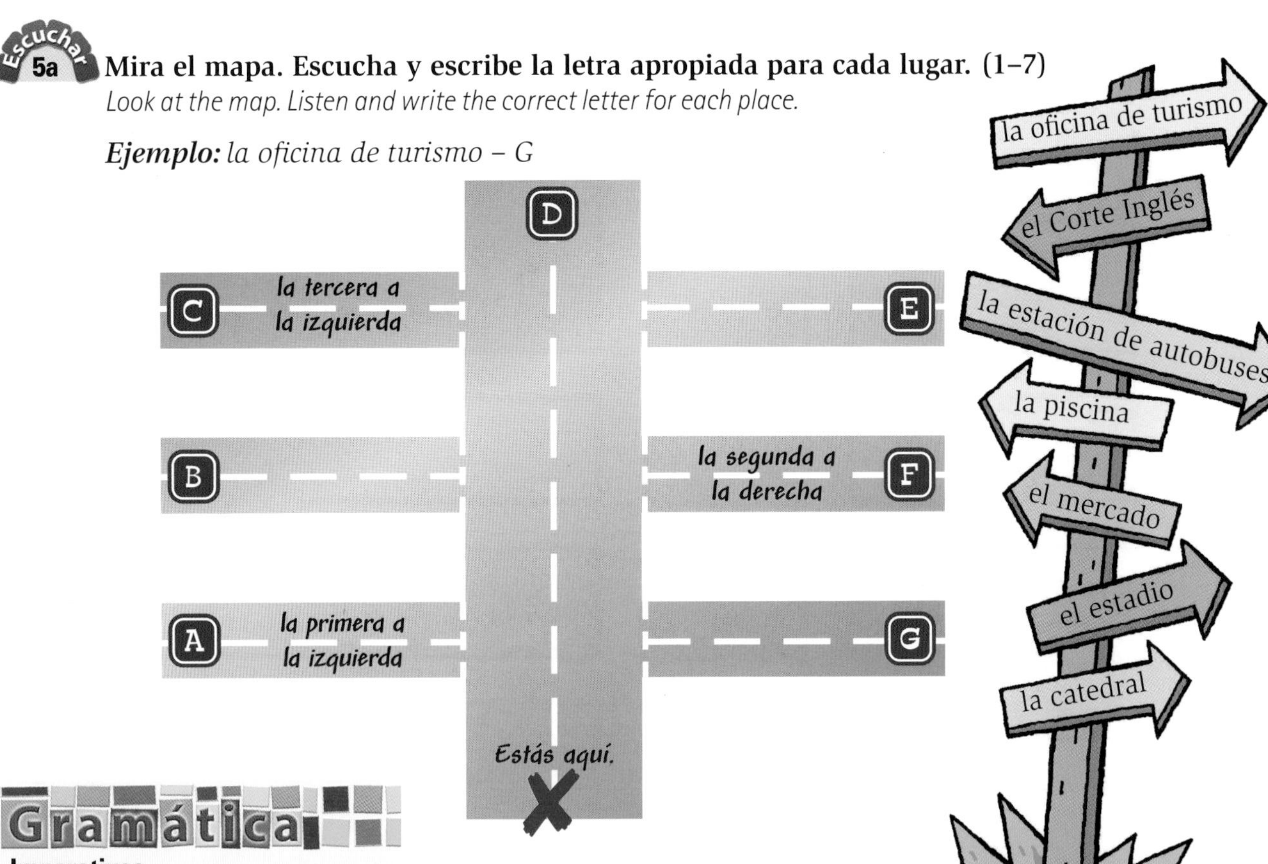

Gramática

Imperatives

tú	**usted**	
toma	tome	*take*
sigue	siga	*continue*

Para saber más → página 136,19

Con tu compañero/a, pide y da direcciones para llegar a los lugares en el mapa.
With your partner, ask for and give directions to the places on the map.

Ejemplo:
- ¿Por dónde se va (a la oficina de turismo)?
- Toma la primera a la derecha.

¿Por dónde se va a la piscina/al mercado/...?		
Toma	la primera	a la derecha.
	la segunda	a la izquierda.
	la tercera	
Sigue todo recto.		

El Corte Inglés es un almacén, una tienda grande que vende de todo. Hay un Corte Inglés en todas las ciudades importantes de España.

Escribe direcciones para cinco lugares en 5a.

3 Sube la avenida y cruza la plaza ...

Describing the location of places in a town
Giving more detailed directions

1a Completa las frases con *del* o *de la*.

1 La piscina está delante ___del___ estadio.
2 El cine está enfrente ________ mercado.
3 El hospital está al final ________ Calle Mallorca.
4 La estación de trenes está al lado ________ parque.
5 La estación de autobuses está enfrente ________ estación de trenes.
6 El instituto está al lado ________ río.
7 El café de Internet está enfrente ________ oficina de turismo.

Gramática

del *and* de la

de + la = de la
de + el = del

La plaza de toros está al final de la Calle Sevilla.
La estación de trenes está al lado del parque.

Para saber más → página 132, 9

al final de	*at the end of*
al lado de	*beside*
delante de	*in front of*
enfrente de	*opposite*

1b Escucha y comprueba tus respuestas.

2 Con tu compañero/a, describe lugares en el mapa.

Ejemplo:

- ¿Dónde está el café de Internet?
- Está enfrente de la oficina de turismo.

Escucha y escribe el orden correcto.

a sube |↑|
b baja |↓|
c dobla
d tuerce
e cruza

Gramática

Giving directions

tú	**usted**	
dobla	doble	*turn*
tuerce	tuerza	*turn*
sube	suba	*go up*
baja	baje	*go down*
cruza	cruce	*cross*

Para saber más → página 136, 19

Escucha y escribe la dirección. (1–8)

Ejemplo: 1 – ↑

Con tu compañero/a, da e indica las direcciones.

Ejemplo:
● Sube
●

¿Adónde vamos? Lee las direcciones y mira el mapa. Escribe los lugares.

a Sube por la Avenida de la República. Cruza la Calle Sevilla. El .... está a la izquierda, enfrente de la oficina de turismo.
b Toma la primera a la derecha. Baja por la Calle Sevilla. La .... está a la izquierda.
c Toma la tercera calle a la derecha. Cruza el puente y luego tuerce a la derecha.
d Toma la primera a la izquierda. Sigue todo recto. Está al final de la calle.

Mira el mapa en la página 84. Con tu compañero/a, pide y da direcciones para llegar a los lugares.

Ejemplo:
● ¿Por dónde se va a la piscina?
● Sube por la Avenida de la República y toma la tercera a la izquierda. Cruza la Avenida Vía Augusta y la piscina está a la derecha, delante del estadio.

Escribe direcciones para cada lugar en 5a.

4 ¿Está cerca?

Talking about distance

1a Escuchar **Escucha y lee.**

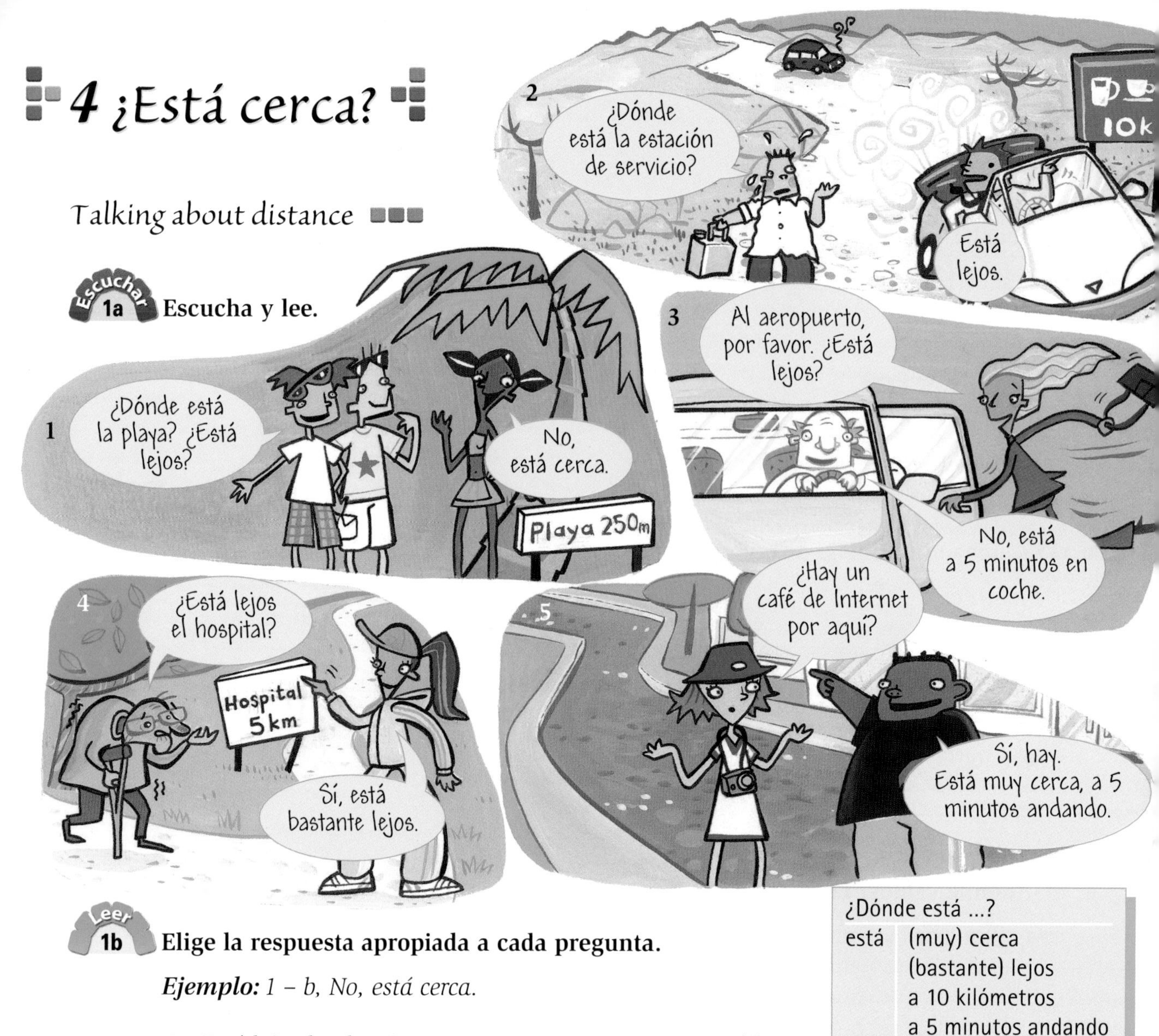

1b Leer **Elige la respuesta apropiada a cada pregunta.**

Ejemplo: *1 – b, No, está cerca.*

1 ¿Está lejos la playa?
2 ¿Está cerca la estación de servicio?
3 ¿Está lejos el aeropuerto?
4 ¿Está lejos el hospital?
5 ¿Está cerca el café de Internet?

a No, está lejos.
b No, está cerca.
c Sí, está muy cerca, a cinco minutos andando.
d Sí, está bastante lejos.
e No, está cerca, a cinco minutos en coche.

¿Dónde está ...?	
está	(muy) cerca
	(bastante) lejos
	a 10 kilómetros
	a 5 minutos andando
	a 5 minutos en coche

2a Hablar **¿Está cerca o lejos? Con tu compañero/a, pregunta y contesta.**
Is it near or far? With your partner, ask and answer.

Ejemplo:
● ¿Está cerca el aeropuerto?
● Sí, está cerca.

GRANADA 70 kilómetros

MÁLAGA 35 kilómetros
TORREMOLINOS 15 kilómetro

Aeropuerto – 5 kilómetros

Hospital – 50 metros

Playa 2 kilómetros

MADRID 90 kilómetros

Estación de servicio
– 40 kilómetros

OFICINA DE TURISM
25 METROS

¿Dónde está? Tu compañero/a tiene que adivinar el lugar en 2a que describes.
Where is it? Your partner has to guess the place you describe in ***2a****.*

Ejemplo:
- Está (a cinco minutos andando).
- El hospital.

35	treinta y cinco	70	setenta
40	cuarenta	80	ochenta
50	cincuenta	90	noventa
60	sesenta	100	cien

Empareja las descripciones con los mapas.
Match up the descriptions with the maps.

Vivo en un pueblo bastante pequeño, pero hay una estación de trenes. También hay un río y un puente. Al lado de la plaza hay un parque. Enfrente del parque hay una tienda. Mi casa está al final de la calle principal. Voy al instituto a pie porque está cerca, a cinco minutos andando.

Vivo en una granja en el campo. Cerca de mi casa hay un río. A 2 kilómetros hay un pueblo pequeño. En el pueblo hay una plaza. Enfrente de la plaza hay una tienda y un parque. Entre el pueblo y mi casa hay una estación de servicio. El instituto está a 10 kilómetros de mi casa. Normalmente voy en autobús.

a

b

c

Dibuja un mapa de tu ciudad o pueblo y escribe una descripción.

5 ¿Cómo es tu ciudad?

Talking about what your town is like

un aeropuerto	✈
un castillo	
un monumento	
un museo	
un palacio	
un parque nacional	
un puerto	
una catedral	
una fábrica	

Leer 1a **Mira el mapa de España y lee. Elige los pueblos o las ciudades apropiados para cada descripción.**

a Es una ciudad industrial. Está en el norte del país. Tiene un puerto y muchas fábricas. Pero también tiene un museo muy famoso.

b Es un pueblo antigu muy histórico. Es pequeño y tranquilo. Tiene un castillo. Es al norte de Madrid.

c Es la capital de España. Está en el centro del país. Es una ciudad antig y moderna. Es comercial y residenc Hay museos importantes y el palaci real. Tiene un aeropuerto. También hay mucho tráfico.

d Está en el sur. Es una ciudad muy bonita. Tiene monumentos, una catedral y muy cerca hay un parque nacional. Hay muchos turistas.

Escuchar 1b **Escucha y comprueba tus respuestas.**

Escuchar 2a **Escucha y empareja los dibujos con las descripciones. (1–4)**

Con tu compañero/a, pregunta y contesta.

Ejemplo:
- ¿Cómo es tu barrio/pueblo/ciudad?
- Es (histórico/a).
- ¿Qué hay en tu barrio/…?
- Hay (un parque) y (un …). Hay (muchos turistas).

Lee la carta de Mateo. Busca las palabras que no conoces en el diccionario.

¡Hola!
Vivo en Segovia, una ciudad al norte de Madrid cerca de la sierra. Es antigua y muy histórica. Es pequeña y tranquila. Tiene monumentos importantes como el acueducto romano, la catedral y el alcázar. Hay iglesias muy antiguas y tres plazas. Hay varios parques y un río. No hay mucho tráfico pero hay muchos turistas. También hay bares y restaurantes típicos. Segovia tiene un barrio moderno. Es residencial y tiene una universidad y un hospital. Me gusta mucho porque es una ciudad muy bonita. ¿Cómo es tu ciudad?
Un saludo
Mateo

¿Verdad (✓) o mentira (✗)?

a Mateo vive en el norte de España.
b Segovia es un barrio de Madrid.
c Está cerca de las montañas.
d Hay varios parques.
e En Segovia no hay mucho tráfico.
f Es turística.
g Segovia es moderna.
h El hospital está en el barrio antiguo.
i A Mateo le gusta Segovia porque es industrial.

Escribe una descripción de un barrio/un pueblo/una ciudad.

¿Cómo es tu	ciudad? pueblo? barrio?	Es	antiguo/a. pequeño/a. grande. tranquilo/a. industrial. histórico/a. importante. bonito/a.
¿Qué hay en tu		Hay Tiene	un castillo. un palacio.

Escucha y lee la canción.

Mi ciudad

Mi ciudad es industrial
También es muy comercial
Hay un aeropuerto
Y también un puerto
Cine, tiendas y hospital.

Mi pueblo es tranquilo
También es muy antiguo
Hay una iglesia
Y una plaza
Bares, parque y museo.

Mi barrio es bonito
También es muy ruidoso
Hay un estadio
Y un mercado
Y un polideportivo.

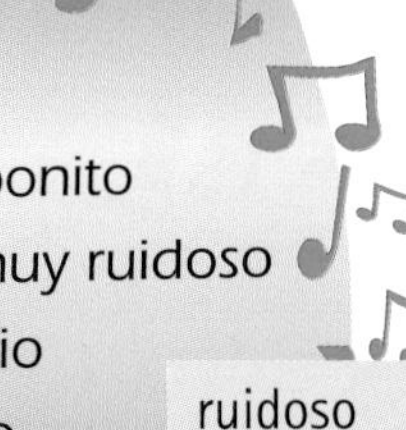

ruidoso *noisy*

6 ¿Qué tiempo hace?

Talking about the weather

Escucha y repite. Pon atención a la pronunciación.

Empareja las frases con los dibujos.

a Hace sol.
b Hace fresco.
c Hace calor.
d Hace viento.
e Hace frío.
f Hace mal tiempo.
g Hace buen tiempo.
h Llueve.
i Nieva.
j Hay niebla.
k Hay tormenta.

1 
2 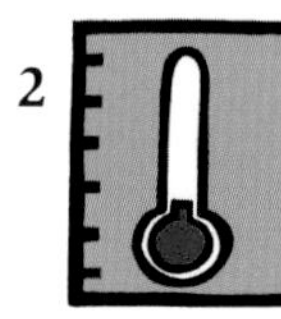
3 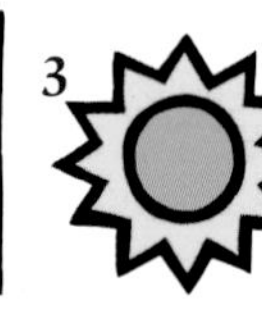
4 
5 
6 
7 
8 
9 
10 
11 

Escucha y empareja los dibujos con las descripciones del tiempo. (1–6)

a **b** **c**

d

e

f

Con tu compañero/a, describe el tiempo en cada dibujo.

Ejemplo:

- ¿Qué tiempo hace en **f**?
- Hace (frío) … Hay (tormenta) …

Copia y completa la descripción del tiempo durante las estaciones del año.
Copy and complete the description of the weather for the seasons of the year.

La primavera
El verano
El otoño
El invierno

Escucha y comprueba tus respuestas.

Mira el mapa. ¿Verdad (✓) o mentira (✗)?

1 En Sevilla hace mucho calor y mucho sol.
2 En Bilbao hace buen tiempo.
3 En Murcia hace viento, hay tormenta.
4 En Cádiz hace calor, hace sol y hace viento.
5 En Salamanca hay tormenta.
6 En Valencia hay niebla y hace frío.

Describe el tiempo en cinco ciudades.

Ejemplo: *En (Cádiz) (hace viento), (hace sol) y (hace calor).*

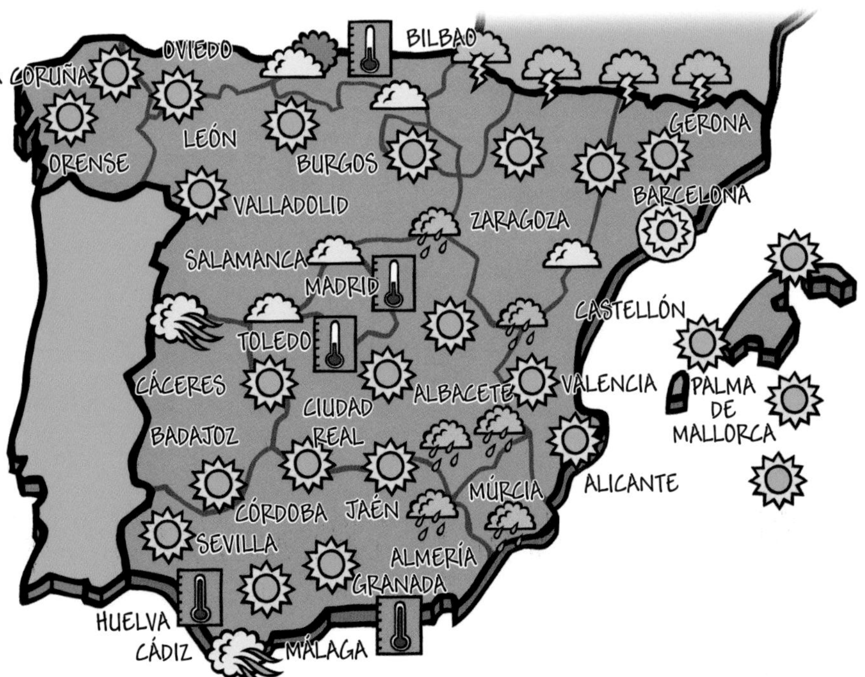

Resumen

I can ...

■ *ask someone where he/she is going in a town*	¿Adónde vas?
■ *say where I am going in a town*	Voy al centro comercial. Voy a la estación de autobuses. Vamos al parque.
■ *ask for directions*	¿Por dónde se va a la piscina? ¿Dónde está el estadio?
■ *give directions*	Toma la primera a la derecha/la segunda a la izquierda. Sigue todo recto y cruza el puente.
■ *say where places are in a town*	El cine está enfrente del mercado. La catedral está a la izquierda, al lado del Corte Inglés.
■ *ask and say how near or far a place is*	¿Está lejos la playa? No, está cerca, a cinco minutos andando. Granada está bastante lejos, a 80 kilómetros.
■ *say what my town is like*	Es una ciudad industrial/antigua/moderna. Es un pueblo tranquilo.
■ *say where my town is*	Está en el centro del país.
■ *say what there is in my town*	Tiene un castillo. También hay un museo.
■ *talk about the weather*	Hace frío/calor. Llueve.
■ *say what the weather is like in different seasons*	En otoño hace mucho viento.

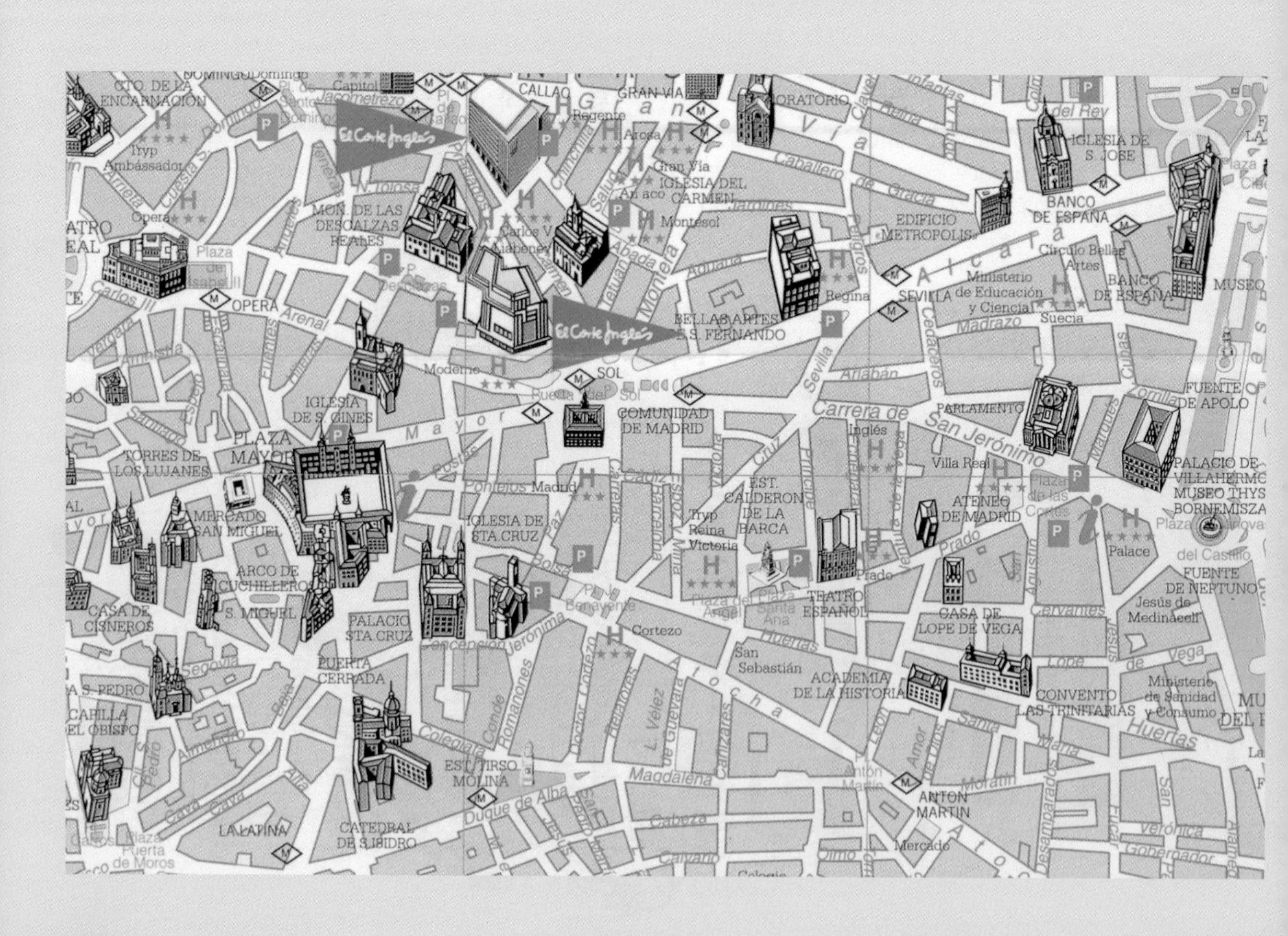

Prepárate

¿Adónde van? Escucha y elige el dibujo apropiado para cada diálogo.

a 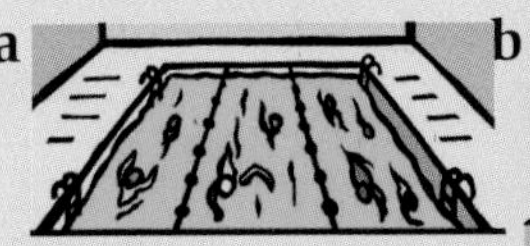

b 

c 

d 

e 

Escucha y empareja cada dirección con el dibujo apropiado.

a 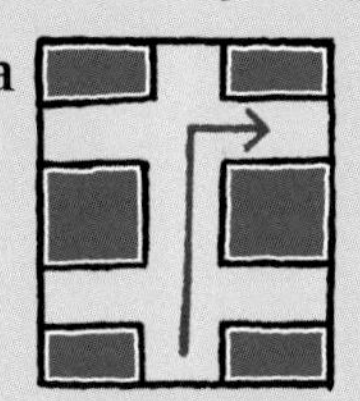

b 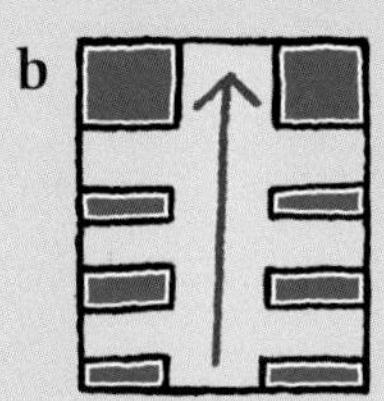

c 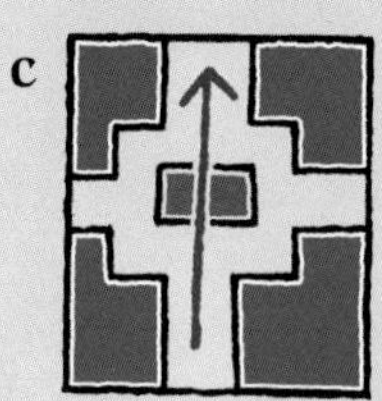

d 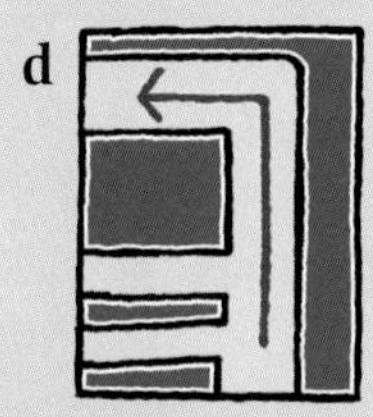

e 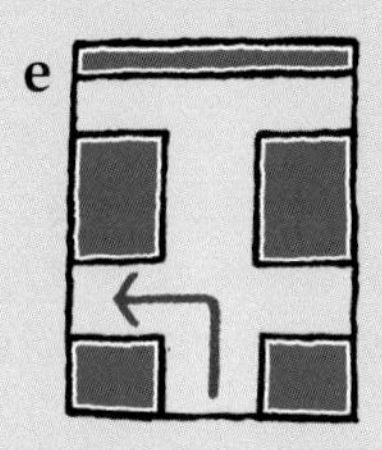

Con tu compañero/a, pide y da direcciones para llegar a los lugares en el mapa.

Ejemplo:

- ¿Por dónde se va al .../a la ...?
- Sigue .../Toma la ... . ¿Por dónde ...?

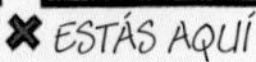

Empareja cada texto con el dibujo apropiado.

a 

b 

c 

d 

1. Es un pueblo pequeño. Es bonito y tranquilo. Tiene un castillo antiguo. Está en el centro del país.
2. Es una ciudad industrial. Es grande. Está al lado del mar y tiene un puerto.
3. Es una ciudad histórica y bonita. Tiene un río y una catedral. Tiene parques y museos.
4. Es un pueblo tranquilo. Está en la playa.

Escribe una frase para cada dibujo.

a 

b 

c d 

Escribe sobre tu pueblo o ciudad. Contesta a las preguntas.

¿Dónde vives?
¿Es un pueblo o una ciudad?
¿Es grande o pequeño/a?
¿Qué hay en tu pueblo/ciudad?
Cómo es tu pueblo/ciudad?
(Es tranquilo/a industrial, etc.)

7 ¡Extra! Un paseo por Barcelona

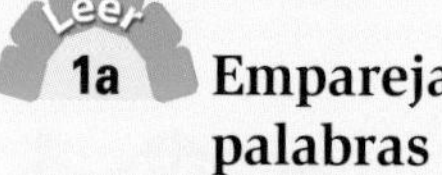

1a **Empareja las frases con las fotos. Busca las palabras que no conoces en el diccionario.**

Ejemplo: *a – 3*

Barcelona es una ciudad grande e industrial. Es la segunda ciudad más importante de España. Es la capital de la región de Cataluña. En Cataluña se habla catalán.

1 Es un puerto mediterráneo. Está cerca de las playas de la Costa Brava. Tiene un clima excelente.
2 Hay muchos monumentos interesantes. En esta foto estamos delante de la catedral, en el Barrio Gótico. El barrio gótico es muy antiguo.
3 También hay buenos lugares para andar en monopatín.
4 El estadio Olímpico y el Palacio de los Deportes son instalaciones de los Juegos Olímpicos de 1992.
5 La Sagrada Familia es una catedral diseñada por el arquitecto Gaudí. Tiene más de cien años. No está terminada todavía. Es muy original.
6 El Parque Güell es otro lugar interesante con edificios diseñados por Gaudí.
7 El Barça es el equipo de fútbol de Barcelona. Su estadio se llama el Camp Nou.
8 Las Ramblas es la avenida principal. Hay muchos quioscos, restaurantes y cafés con terrazas.

1b **¿Verdad (✓) o mentira (✗)?**

1 Barcelona es la capital de España.
2 En Barcelona se habla catalán.
3 Barcelona está cerca del Mar Mediterráneo.
4 Hace mucho frío en Barcelona.
5 En Barcelona hay dos catedrales.
6 La parte antigua de Barcelona se llama el Barrio Gótico.
7 Es posible andar en monopatín.
8 La catedral de la Sagrada Familia es moderna.
9 El estadio de El Barça se llama el estadio Olímpico.
10 En Las Ramblas es posible comer.

Clara visita Barcelona. Escucha y contesta a las preguntas.

1 What is the Barrio Gótico like?
2 What is the cathedral like?
3 When does she visit the port?
4 What does she eat?
5 What is the Parque Güell like?
6 What does it have?
7 Where does she go on Saturday morning?
8 What is the weather like?
9 What are the Olympic stadium and the Palacio de los Deportes like?
10 What does she visit on Sunday morning?
11 What does she have to drink in the café?
12 Where does she go on Sunday afternoon?

Mira el mapa de Barcelona. Escribe direcciones a tres lugares en el mapa.

Ejemplo: *El Parque Güell, sigue todo recto …*

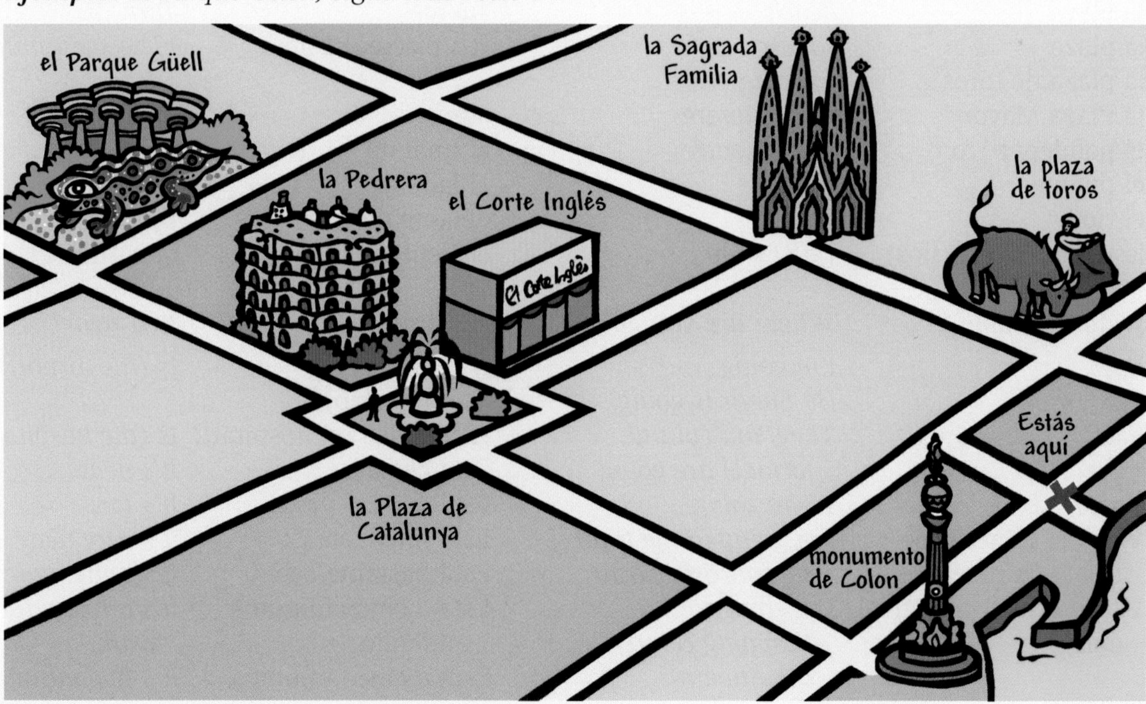

¿Te gustaría visitar Barcelona? ¿Por qué? Escribe cinco frases.
Would you like to visit Barcelona? Why? Write five sentences.

Ejemplo: *Me gustaría ver el estadio Olímpico porque …*

Produce un folleto en el ordenador describiendo tu ciudad con fotos y un mapa.
Produce a leaflet on the computer describing your town with photos and a map.

Palabras

La ciudad	The town
el aeropuerto	*airport*
el café de Internet	*Internet cafe*
la calle …	*street*
la capital	*capital*
la catedral	*cathedral*
el centro comercial	*shopping centre*
el cine	*cinema*
la estación de autobuses	*bus station*
la estación de servicio	*petrol station*
la estación de trenes/ de RENFE	*train station*
el estadio	*stadium*
el hospital	*hospital*
el instituto	*school*
el mercado	*market*
la oficina de turismo	*tourist office*
el parque	*park*
la piscina	*swimming pool*
la playa	*beach*
la plaza	*square*
la plaza de toros	*bullring*
la Plaza Mayor	*main square*
el polideportivo	*sports centre*
el puente	*bridge*
el río	*river*
la tienda (de regalos)	*(gift) shop*

¿Adónde vas?	Where are you going?
Voy …	*I'm going …*
Va …	*He/She/It is going,*
Van …	*They/You (plural, formal) are going …*
Vamos …	*We're going …*
Voy a la estación de trenes/la playa/…	*I'm going to the train station/the beach/…*
Voy al centro comercial/ cine/…	*I'm going to the shopping centre/ the cinema/…*
¿Adónde va?	*Where is he/she/it going? Where are you (usted, formal) going?*
¿Adónde van?	*Where are they going?*
¡Hasta luego!	*See you soon!*
Oye	*Listen*
Pues …	*Well …*
¡Qué bien!	*How nice!*
¿Y tú?	*And you?*

Las direcciones	Directions
a la derecha	*to the right*
a la izquierda	*to the left*
(Sigue) todo recto/ todo derecho.	*(Continue) straight on.*
¿Por dónde se va (a la oficina de turismo)?	*Which way is it (to the tourist office)?*
¿Dónde está …?	*Where is …?*
Toma …	*Take …*
la primera a la izquierda/derecha	*the first on the left/right*
la segunda a la izquierda/derecha	*the second on the left/right*
la tercera a la izquierda/derecha	*the third on the left/right*
Baja …	*Go down …*
Cruza …	*Cross …*
Dobla …	*Turn …*
Sube (por) …	*Go up …*
Tuerce …	*Turn …*
(La piscina) está …	*(The swimming pool) is …*
aquí	*here*
al final de	*at the end of*
al lado de	*next to*
delante de	*in front of*
enfrente de	*opposite*

¿Está cerca?	Is it near?
¿Está cerca (el aeropuerto)?	*Is (the airport) near?*
¿Está lejos (el hospital)?	*Is (the hospital) far?*
Está cerca.	*It's near.*
Está lejos.	*It's far.*
Está muy cerca.	*It's very near.*
Está bastante cerca.	*It's quite near.*
Está a cinco minutos andando.	*It's a five-minute walk.*
Está a cinco minutos en coche.	*It's five minutes by car.*
Está a (10) kilómetros.	*It's (10) kilometres away.*

Más números	More numbers
treinta y cinco	*35*
cuarenta	*40*
cincuenta	*50*
sesenta	*60*

setenta	*70*
ochenta	*80*
noventa	*90*
cien	*100*

Mi ciudad	***My town***
¿Cómo es tu barrio/ pueblo/ciudad?	*What's your neighbourhood/ village/town like?*
Es ...	*It's ...*
antiguo/a	*old*
bonito/a	*pretty*
grande	*big*
histórico/a	*historic*
importante	*important*
industrial	*industrial*
pequeño/a	*small*
tranquilo/a	*peaceful*
Me gusta (mucho) porque ...	*I like it (a lot) because ...*
¿Te gustaría (visitar) ... ?	*Would you like (to visit) ... ?*
Me gustaría (visitar) ...	*I would like (to visit) ...*
¿Qué hay en tu barrio/ pueblo/ciudad?	*What is there in your neighbourhood/ village/town?*
Hay ...	*There is/are ...*
Tiene ...	*It has ...*
un acueducto (romano)	*a(n) (Roman) aqueduct*
un alcázar	*a fortress/palace*
una avenida	*an avenue*
un castillo	*a castle*
un edificio	*a building*
un equipo de fútbol	*a football team*
una fábrica	*a factory*
una iglesia	*a church*
un lugar	*a place*
un monumento	*a monument/site*
un museo	*a museum*
un palacio	*a palace*
un parque nacional	*a national park*
un puerto	*a port*
un quiosco	*a kiosk*
la sierra	*the mountains*
un turista	*a tourist*
una universidad	*a university*
andar en monopatín	*(to) go skateboarding*
varios/as	*several*

El tiempo	***The weather***
¿Qué tiempo hace?	*What's the weather like?*
Hace buen tiempo.	*The weather is nice.*
Hace calor.	*It's hot.*
Hace fresco.	*It's chilly/cool.*
Hace frío.	*It's cold.*
Hace mal tiempo.	*The weather is bad.*
Hace sol.	*It's sunny.*
Hace viento.	*It's windy.*
Hay niebla.	*It's foggy.*
Hay tormenta.	*It's stormy.*
Llueve.	*It's raining.*
Nieva.	*It's snowing.*

Las estaciones (del año)	***The seasons (of the year)***
el invierno	*winter*
el otoño	*autumn*
la primavera	*spring*
el verano	*summer*
En invierno/otoño/ primavera/verano	*In winter/autumn/ spring/summer*
el clima	*the climate*
a veces	*sometimes*

1 ¿Qué deportes practicas?

Talking about sports

1 Escucha y escribe los deportes en el orden correcto. (1–11)

Ejemplo: *1 – b Juego al hockey.*

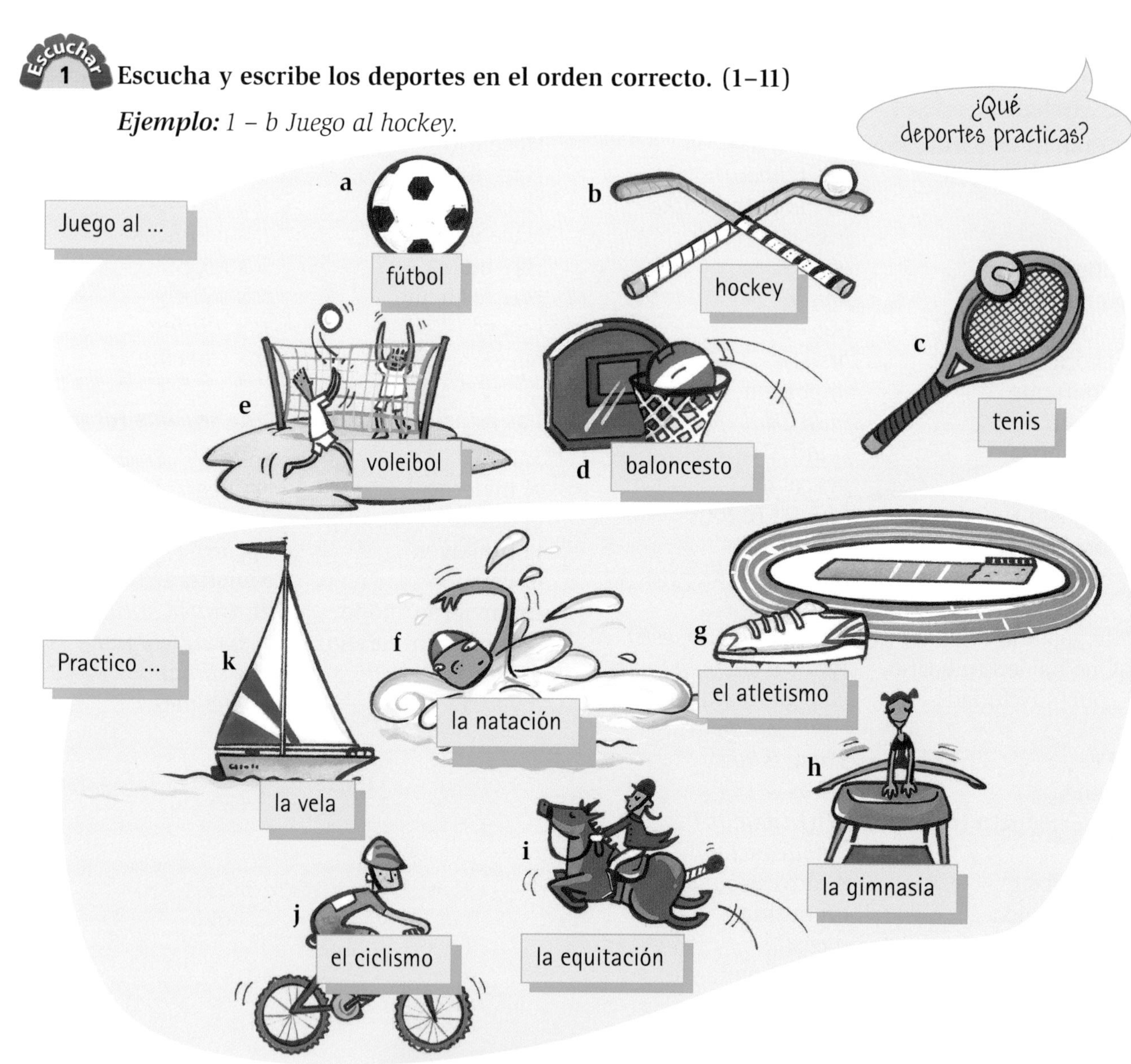

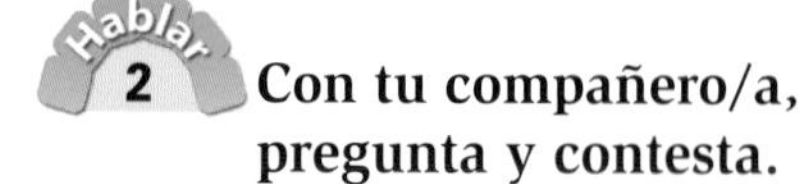

2 Con tu compañero/a, pregunta y contesta.

Ejemplo:

- ¿Qué deportes practicas?
- Juego (al fútbol).

Gramática

practicar	***to do*** *(a sport)*	**jugar**	***to play***
practico	*I do*	juego	*I play*
practicas	*you (tú, informal) do*	juegas	*you (tú, informal) play*
practica	*he/she/it does*	juega	*he/she/it plays*
	you (usted, formal) do		*you (usted, formal) play*
practicamos	*we do*	jugamos	*we play*
practicáis	*you do*	jugáis	*you play*
practican	*they do*	juegan	*they play*
	you (plural, formal) do		*you (plural, formal) play*

Para saber más → página 133, 12/135, 15

Escucha y escribe "j" (jugar) o "p" (practicar) para cada deporte.

Escribir 4 **Empareja las personas con los deportes y escribe frases.**

Ejemplo:
David Beckham juega al fútbol.
Marion Jones y Maurice Green practican el atletismo.

Matt Dawson
Jennifer Capriati
Darren Gough
Kobe Bryant
David Beckham
Ellen MacArther
Tiger Woods y Sergio García
Marion Jones y Maurice Greene

Lee el texto y dibuja un símbolo para los deportes que practica Juan.

Me Llamo Juan. Tengo 14 años. Practico muchos deportes. Practico el ciclismo y la natación. También juego al tenis. En el instituto jugamos al fútbol y al balconcesto. Mi hermana practica la gimnasia y la equitación. Mis padres juegan al bádminton y mi madre practica la vela. Mis abuelos juegan al golf.

Juan

Escribe sobre los deportes que practicas.

Ejemplo:
Juego (al squash, al tenis y al bádminton) …

2 ¿Qué te gusta hacer en tu tiempo libre?

Talking about what you like doing in your free time

1a Escucha y escribe los pasatiempos en el orden correcto. (1–12)

Ejemplo: *1 – c*

¿Qué te gusta hacer en tu tiempo libre?

Me gusta ... ✔
Me encanta ... ✔✔
No me gusta ... ✘
Detesto/Odio ... ✘✘

Escribe una lista de los pasatiempos que te gusta hacer.

Ejemplo: *Me gusta (escuchar música).*

Con tu compañero/a, pregunta y contesta.

Ejemplo:

- ¿Te gusta (jugar con los videojuegos)?
- No, no me gusta/Sí, me gusta (jugar con los videojuegos).

Gramática

How to say 'I (don't) like doing ...'

Verb	***+ Infinitive***
Me gusta	tocar el piano.
Me encanta	escuchar música.
Odio	ver la televisión.

Para saber más → página 135, 18

¿Les gusta o no les gusta hacer estos pasatiempos? Escucha y dibuja un símbolo. (1–10)

Do the people like or dislike doing these activities? Listen and draw a symbol.

Ejemplo: *1 –* ☺ ✔

3a **Escucha a los jóvenes. Copia y rellena el cuadro.**

	Susana	Enrique	María Luisa
Me gusta	ir al cine		
No me gusta			
Prefiero			

¿Te gusta ...? Sí, me gusta No, no me gusta Prefiero	ir al cine al polideportivo a la piscina jugar con el ordenador al fútbol practicar la vela hablar por teléfono mandar mensajes

3b **Haz un sondeo. Pregunta a tus compañeros/as de clase.**

Ejemplo:

- ¿Te gusta (ir de compras)?
- Sí, me gusta (ir de compras) pero prefiero (ir al polideportivo).

pero	*but*

4 **Lee el texto y empareja cada persona con el regalo apropiado.**
Read the text and match up each person with the correct present.

1. En mi tiempo libre me gusta jugar con los videojuegos y con el ordenador. También me gusta escuchar música y ver la televisión.
Natalia

2. En mi tiempo libre me gusta salir con mis amigos. Me gusta mucho la música y me encanta bailar. Me gusta hablar por teléfono con mis amigos. También me encanta mandar y recibir mensajes.
Elena

3. Me gusta jugar al fútbol, al bádminton y al baloncesto. Me encanta cocinar. No me gusta jugar con los videojuegos. Prefiero navegar por Internet.
Jaime

a

b
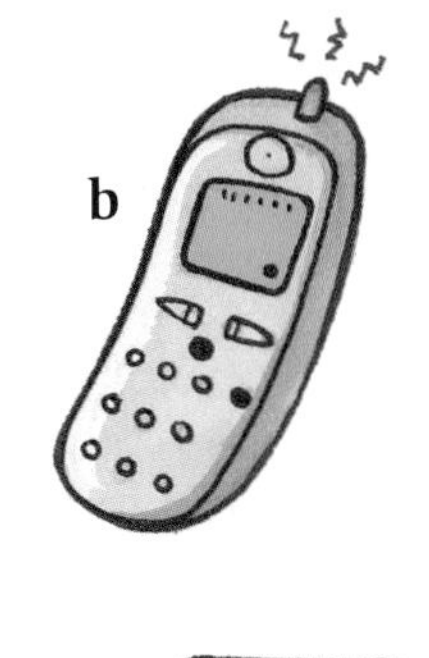

c

d
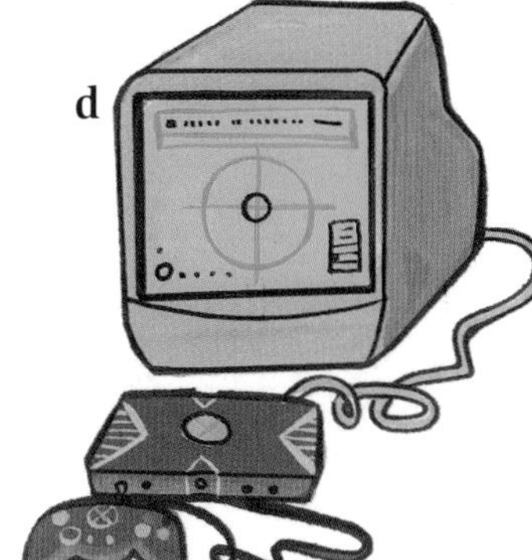

5 **Escribe sobre lo que te gusta y no te gusta hacer en tu tiempo libre.**
Write about what you like and don't like doing in your free time.

3 ¿Qué haces los fines de semana?

Talking about what you do during the week and at weekends

1a Escucha y repite.

¿Qué haces todos los días?

a Voy al instituto.
b Hago los deberes.
c Monto en bicicleta.
d Toco la guitarra.
e Arreglo mi dormitorio y hago la cama.
f Hago deporte.
g Juego a las cartas.
h Veo la televisión.

Instituto

1b Escucha otra vez y empareja cada frase con el dibujo apropiado.

Ejemplo: *a – 6*

Con tu compañero/a, habla sobre las actividades en los dibujos en 1.

Ejemplo:

- ¿Qué haces todos los días?
- Voy al instituto. Hago los deberes ...
- ¿Tocas la guitarra?
- No, no toco la guitarra.

¡OJO!

*¿Arreglas **tu** dormitorio todos los días?*
*No, no arreglo **mi** dormitorio todos los días.*
*Miguel arregla **su** dormitorio todos los días.*

ver	***to see, watch (TV)***
veo	*I watch*
ves	*you (tú, informal) watch*
ve	*he/she/it watches*
	you (usted, formal) watch

montar, tocar *and* arreglar *are regular* **–ar** *verbs. Their endings are:* **o, as, a, amos, áis, an**

hacer	***to do, make***
hago	*I do*
haces	*you (tú, informal) do*
hace	*he/she/it does*
	you (usted, formal) do

Para saber más → página 133, 12/134, 13

¿Qué haces todos los días? Escribe cinco frases. Escribe tres frases sobre tu compañero/a.
What do you do every day? Write five sentences. Write three sentences about your partner.

Ejemplo:
Toco la guitarra. *(Daniela) va al instituto.*

Escucha y elige las actividades apropiadas para Marisol y Manuel.
Listen and choose the correct activities for Marisol and Manuel.

Ejemplo:
Marisol – e, …
Manuel – h, …

¿Qué haces los fines de semana?	
Los fines de semana …	
voy	**a** al cine.
	b de compras.
	c al campo.
	d a la montaña.
	e a la playa.
	f a la pista de hielo.
	g a un partido de fútbol.
	h a un parque temático.
hago	**i** surfing.
	j windsurf(ing).
monto	**k** en bicicleta.
	l en monopatín.

Voy a la pista de hielo.

Voy a un parque temático.

Voy a un partido de fútbol.

Monto en monopatín.

Con tu compañero/a, pregunta y contesta.

Ejemplo:
- ¿Qué haces los fines de semana?
- Hago (surfing). Monto (en bicicleta) …

Completa las frases con las palabras apropiadas.

De lunes a viernes, pues me levanto. 1 Voy al instituto. ____2____ los deberes. Monto en ____3____ y ____4____ la televisión. Los fines de semana a veces voy ____5____ cine. Voy a la ____6____ y hago ____7____. También voy con mis padres a casa de mis ____8____. Juan

hago | voy | abuelos | surfing | veo | bicicleta | al | playa

¿Qué haces los fines de semana? Escribe cinco frases.

Ejemplo:
Los fines de semana voy al cine con mis amigos o voy de compras. Juego al … A veces voy … Me gusta … ¡Es divertido!

a veces	*sometimes*
¡es divertido!	*It's fun!*
o	*or*

4 Una cita

Arranging to go out

Escucha y lee. Contesta a las preguntas.

1

- ¿Dígame?
- Hola, Pedro. Soy Juan. ¿Quieres jugar al fútbol?
- ¿Cuándo?
- Mañana.
- Vale. ¿Dónde nos encontramos?
- En el polideportivo.
- ¿A qué hora?
- A las 11.
- Está bien.
- Hasta mañana.

2

- ¿Diga?
- Hola, Eduard. Soy Neus. ¿Quieres ir al cine?
- ¿Cuándo?
- El sábado.
- Bueno. ¿Dónde nos encontramos?
- ¿En la plaza?
- De acuerdo. ¿A qué hora?
- A las 6.
- Vale.
- Hasta luego.

a ¿Adónde van los amigos?
b ¿Cuándo?
c ¿Dónde se encuentran?
d ¿A qué hora?

¿Adónde van las personas? Escucha y elige el dibujo apropiado. (1–4)

Escucha otra vez. ¿Cuándo van a hacer las actividades?

Ejemplo: *1 – Esta tarde*

Invita a tu compañero/a a salir.

● ¿Dígame?/¿Diga?	● ¿Cuándo?
● ¿Quieres ir (al cine/polideportivo...)? / jugar (al tenis/baloncesto ...)?	● Mañana/El sábado/Esta mañana/tarde/noche.

Escucha y empareja los lugares con las horas. (1–4)

a 4:15 b 11:00 c 10:45 d 1:00 e 5:30

Con tu compañero/a, arregla la hora y el lugar de tu encuentro.
With your partner, arrange the time and place of your meeting.

● ¿Dónde nos encontramos?	● ¿A qué hora?
● En la plaza/mi casa/la estación/el café.	● A la una / A las diez — y media. / y cuarto. / menos veinte.
	● Bueno/Vale/ De acuerdo/Está bien.

Lee los mensajes de Inés. Contesta a las preguntas.

1 ¿Adónde van las amigas?
2 ¿Cuándo?
3 ¿Dónde se encuentran?
4 ¿A qué hora?

¿Quieres ir de compras el sábado por la tarde? Un beso, Inés

Hola Inés, El sábado por la tarde está bien. ¿Dónde nos encontramos? ¿En la entrada del centro comercial? ¿A qué hora? Un abrazo, Bea

Hola Bea, De acuerdo, en la entrada del centro comercial. ¿A las 2.30? Besos, Inés

Hola Inés, A las 2.30 está bien. Hasta el sábado. Saludos, Bea

Con tu compañero/a, escribe unos mensajes similares.

5 Este fin de semana

Saying what you are going to do at the weekend

Empareja los dibujos con las frases.

Ejemplo: *1 – c*

¿Qué vas a hacer este fin de semana?

Voy a ...

a escuchar música.
b jugar con mi Playstation.
c jugar al fútbol.
d jugar al tenis.
e montar en bicicleta.
f hacer mis deberes.
g ver la televisión.
h ver un vídeo.
i dormir.
j ir de compras.
k salir con mis amigos.

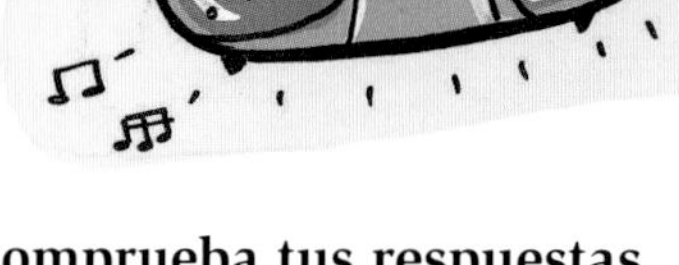

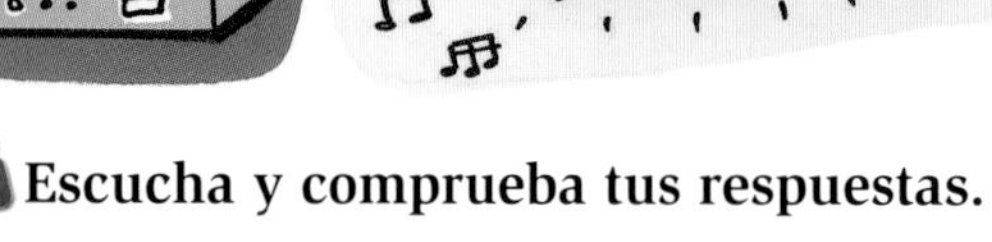

Escucha y comprueba tus respuestas.

Haz un sondeo. ¿Qué vas a hacer este fin de semana? Pregunta a tus compañeros/as de clase.

Ejemplo:

- ¿Qué vas a hacer este fin de semana?
- Voy a (escuchar música) y ...

¿Cuáles son las actividades más populares en tu clase? Escribe las actividades en orden.

What are the most popular activities in your class? Write the activities in order.

Ejemplo:

26 van a ver la televisión.
20 van a salir con amigos.
19 van a escuchar música.

Gramática

How to say 'I am going to' ...

ir + a + *infinitive*

voy a	*I am going to*
vas a	*you (tú, informal) are going to*
va a	*he/she/it is going to*
	you (usted, formal) are going to
vamos a	*we are going to*
vais a	*you are going to*
van a	*they are going to*
	you (plural, formal) are going to

Para saber más → página 133, 33

Lee la carta y pon los dibujos en el orden en que se mencionan.

Querida Sara:

Este fin de semana voy a estar muy ocupada. Voy a hacer muchas cosas.

El sábado por la mañana voy a levantarme pronto. A las 10.00 voy a ir a mi clase de piano. Después voy a jugar al tenis con mis amigos. Vamos a encontrarnos a las 11.30 en el polideportivo.

Después de comer voy a ir de compras con mi prima. Vamos a ir al centro comercial. Mi prima va a comprar unas zapatillas deportivas nuevas. Yo voy a comprar un disco compacto.

Por la noche voy a cenar en un restaurante con mi familia porque va a ser el cumpleaños de mi padre. El domingo por la mañana voy a levantarme tarde, a las 11.00. Todos los domingos mis padres van a visitar a mi abuela, yo voy también. Vamos a comer.

Por la tarde voy a salir con mis amigos. Vamos a ir al cine.

Por la noche voy a hacer mis deberes y ver un poco de televisión. Voy a acostarme pronto. A las 10.00.
Y tú, ¿qué vas a hacer este fin de semana?
Un saludo,
María

Contesta a las preguntas.

1. What is María going to do at 10 o'clock on Saturday?
2. What is she going to do afterwards?
3. What are María and her cousin going to do in the afternoon?
4. What is María going to buy?
5. What are María and her family going to do in the evening?
6. What is María going to do on Sunday morning?
7. Where is she going to go with her parents?
8. Where is she going to go with her friends in the afternoon?
9. What is she going to do in the evening?
10. At what time is she going to go to bed?

Contesta a la carta de María.

Ejemplo:

Querida María:
Este fin de semana voy a (hacer muchas cosas).
El sábado por la mañana voy a (jugar al fútbol). Después de comer voy a (ir de compras). Por la noche voy a (ver la televisión).
El domingo por la mañana voy a (levantarme a las ...) Por la tarde voy a (salir ...). Por la noche voy a (hacer mis deberes). Voy a (acostarme a las ...).
Un saludo,
(...)

6 ¿Ayudas en casa?

Saying how you help at home and how you are going to help at the weekend

Escucha y repite. Pon atención a la pronunciación.

a Cocino/preparo la cena.
b Barro el patio.
c Arreglo mi dormitorio.
d Hago la compra.
e Paso la aspiradora.
f Saco la basura.
g Pongo la mesa.
h Quito la mesa.
i Friego los platos.
j Lavo el coche.
k No hago nada.
l Plancho mi uniforme.

Haz un sondeo. Pregunta a tus compañeros/as de clase si ayudan en casa y cuándo.
Do a survey. Ask your classmates if they help out at home and when.

Ejemplo:
- ¿Ayudas en casa?
- Sí, (barro el patio) y (...)./No, no hago nada.
- ¿Cuándo?
- (Los sábados)/(Nunca).

Escucha y lee la canción. ¿Verdad (✓) o mentira (✗)?

1 El lunes el chico saca la basura.
2 El martes pasa la aspiradora.
3 El miércoles no barre el patio.
4 El jueves arregla su dormitorio.
5 El viernes lava su uniforme.
6 El fin de semana no hace nada.

Ayudo en casa

El lunes saco la basura,
Saco la basura
Y paso la aspiradora.
Ayudo en casa,
Ayudo en casa.

El martes pongo la mesa,
Pongo la mesa
Y quito la mesa.
Ayudo en casa,
Ayudo en casa.

El miércoles hago la compra,
Hago la compra
Y saco la basura.
Ayudo en casa,
Ayudo en casa.

El jueves barro el patio,
Barro el patio
Y arreglo mi cuarto.
Ayudo en casa,
Ayudo en casa.

El viernes lavo el coche,
Lavo el coche
Y plancho mi uniforme.
Ayudo en casa,
Ayudo en casa.

El fin de semana, sábado y domingo
Sábado y domingo
No hago nada.
No ayudo en casa,
No ayudo en casa.

Escribe una lista de las tareas domésticas que haces todos los días.
Make a list of the domestic chores you do every day.

Ejemplo: *Lunes – saco la basura y paso la aspiradora.*

¿Cómo van a ayudar en casa este fin de semana? Lee y empareja los jóvenes con los dibujos.

Ejemplo: *Leonora – 2*

Leonora: Voy a arreglar mi dormitorio el sábado por la tarde. Está muy desorganizado.

Agustín: Voy a hacer la compra. Voy a ir al supermercado el sábado por la mañana.

Enrique: Voy a cocinar. Voy a preparar la cena el domingo. Me gusta mucho cocinar.

Eva: Voy a pasar la aspiradora el domingo por la tarde.

2

3

4

Gramática

The immediate future

Infinitive	*Present*	*Immediate future*
cocinar	cocino	voy a cocinar
arreglar mi dormitorio	arreglo mi dormitorio	voy a arreglar mi dormitorio
fregar los platos	friego	voy a fregar los platos
poner la mesa	pongo la mesa	voy a poner la mesa
hacer la compra	hago la compra	voy a hacer la compra

Para saber más → página 133, 12/135, 18

Escucha y comprueba tus respuestas.

4c **Con tu compañero/a, pregunta y contesta.**

Ejemplo:
- ¿Cómo vas a ayudar en casa este fin de semana?
- Voy a (planchar mi uniforme).
- ¿Cuándo?
- (El domingo) por (la tarde).

Escribe cómo y cuándo vas a ayudar en casa este fin de semana.

Ejemplo: *El sábado por la mañana voy a pasar la aspiradora y por la tarde voy a sacar la basura.*

Resumen

I can …

ask someone which sports he/she does	¿Qué deportes practicas?
say which sports I do	Practico el ciclismo. Juego al fútbol.
say which sports other people do	Mi hermana juega al tenis. Mis padres juegan al voleibol.
say what I like doing in my free time	Me gusta bailar. Me encanta escuchar música.
say what I don't like doing	No me gusta ir al cine. Odio ir de compras. Detesto jugar con los videojuegos.
ask someone whether he/she likes doing something	¿Te gusta cocinar?
say what I prefer doing	Prefiero navegar por Internet.
say what I do at different times	Hago los deberes todos los días. Los fines de semana voy al cine con mis amigos.
ask someone if he/she would like to do something, and when	¿Quieres ir al polideportivo? ¿Cuándo?
ask someone where and when to meet	¿Dónde nos encontramos? ¿A qué hora?
agree to do something	Bueno. Vale. De acuerdo. Está bien.
answer the telephone	¿Dígame? ¿Diga?
say what I am going to do	Voy a ver la televisión. Vamos a ir de compras.
ask someone what he/she is going to do	¿Qué vas a hacer este fin de semana?
talk about the time of day	por la mañana/tarde/noche
say how I help at home	Paso la aspiradora. Lavo el coche.
say on which days I do something	Los sábados arreglo mi dormitorio.
say I do nothing	No hago nada.
say how I am going to help	Voy a planchar mi uniforme.

Preparáte

1 **Escucha y elige las actividades que se mencionan.**

2a **Escucha los diálogos y elige las actividades que se mencionan.** (1–3)

2b **Escucha otra vez y escribe el día y la hora.**

3 **Con tu compañero/a, di si haces o no haces las tareas en los dibujos.**

Ejemplo: *No lavo/Lavo el coche (los sábados).*

4a **Completa las frases de la carta con las palabras apropiadas.**

juego leer
gusta ir
dormitorio
voy hago tiempo

¡Hola! Me llamo Alba. Tengo 15 años. Vivo cerca de Málaga, en el sur de España. En mi .... libre me .... salir con mis amigos y me gusta .... al cine. También .... al voleibol y .... surfing. En casa me gusta .... y escuchar música. No me gusta arreglar mi .... Pero cocino a veces. En las vacaciones de verano .... a ir a la playa.

4b **Escribe una carta similar. Cambia las palabras subrayadas.**

¡Extra! 7 ¡Hasta luego!

¡Hola! Me llamo José Manuel. Tengo 14 años. Vivo en Altafulla. Es un pueblo bastante pequeño al lado del mar. En mi tiempo libre me gusta montar en bicicleta o en monopatín. Los fines de semana a veces voy al cine con mis amigos. Juego al fútbol y al baloncesto. También practico el windsurf. Tengo un hermano y un perro. Cuando estoy en casa me gusta ver la televisión, jugar con la Playstation y descansar.
José Manuel

Me llamo Patricia. Tengo 13 años. Vivo en Pamplona. Es una ciudad bastante grande. Voy al instituto en autobús pero no está lejos. Las clases empiezan a las ocho y media y terminan a las dos. Luego voy a casa a comer. Ayudo un poco en casa: pongo y quito la mesa y arreglo mi dormitorio. Después hago los deberes. Luego salgo un rato con mis amigos. Los fines de semana me gusta ir de compras o a la piscina. Tengo dos hermanas. Me encanta jugar con mi gato. Odio el fútbol.
Patricia

Me llamo David. Tengo 14 años. Vivo en un pueblo cerca de Granada en el sur de España. En verano me gusta practicar el ciclismo. Tengo una bicicleta todoterreno. En invierno vamos a Sol y Nieve. Es una estación de esquí en las montañas de Sierra Nevada. Me gusta esquiar pero prefiero hacer snowboarding. ¡Es mega! Tengo tres hermanos. Me gusta la música y me gusta jugar con el ordenador.
David

¡Hola! ¿Qué tal? Soy María.Vivo en Barcelona. Me gusta la música, el cine y bailar. También me gusta montar a caballo. No tengo hermanos, soy hija única. ¡Pero tengo un hámster y tengo muchos amigos!.
María

Nombre: Zara
Edad: 13 años
Ciudad: Liverpool
Deportes: la natación
Otros pasatiempos: leer, sobre todo historias de animales, salir con amigos
Familia: una hermana y dos hermanos
Mascotas: un gato

Nombre: Alex
Edad: 14 años
Ciudad: Burnley
Deportes: el fútbol, el rugby; el esquí, el bádminton
Otros pasatiempos: jugar con el ordenador
Familia: un hermano y una hermana
Mascotas: no tiene

Nombre: Erica
Edad: 12 años
Ciudad: Dublin
Deportes: montar a caballo
Otros pasatiempos: ir al cine, salir con amigos, tocar la guitarra
Familia: un hermano
Mascotas: un conejo

Nombre: Saleh
Edad: 13 años
Ciudad: Dundee
Deportes: el fútbol, la natación, el patinaje, el ciclismo
Otros pasatiempos: jugar con los videojuegos
Familia: dos hermanos gemelos
Mascotas: un perro

1a Lee las cartas y elige un/a compañero/a de intercambio ideal para cada joven.
Read the letters and choose an ideal exchange partner for each young person.

Escucha y lee las cartas otra vez. Elige un/a amigo/a para tus compañeros/as.

¿Cuál de los jóvenes eliges para hacer un intercambio? Mira las cartas otra vez y escribe una respuesta similar.

Which of the young people would you choose to do an exchange with? Look at the letter again and write a similar reply.

Haz una entrevista con dos compañeros/as de clase. Copia y rellena la ficha para ellos.

Interview two classmates. Copy and fill in the form for them.

- ¿Cómo te llamas?
- ¿Cuántos años tienes?
- ¿Dónde vives?
- ¿Qué deportes practicas?
- ¿Qué te gusta hacer en tu tiempo libre?
- ¿Tienes hermanos?
- ¿Tienes animales en casa?

Nombre: ....
Edad: ....
Ciudad: ....
Deportes: ....
....
Pasatiempos: ....
....
Familia: ....
....
Mascotas: ....

Lee el texto y completa las frases.

Ejemplo: *a – rápido*

La pelota es un deporte español. Es muy rápido. Los jugadores juegan con la mano o con una cesta. Juegan en una cancha. La cancha se llama el frontón y tiene paredes altas. La pelota es bastante pequeña y muy dura.

En un partido la pelota va a más de 300 kilómetros por hora. Es el deporte de pelota más rápido del mundo.

a La pelota es un deporte muy ...

b Jugamos a la pelota en ...

c En un partido de pelota jugamos con la mano o con una ...

d La cancha tiene ... altas.

e La ... es pequeña y dura.

f Cuando jugamos, a veces la pelota ... a más de 300 kph.

España · paredes · rápido · va · pelota · cesta

Palabras

Los deportes	*Sports*
¿Qué deportes practicas?	*What sports do you do?*
Practico …	*I do/go …*
el atletismo	*athletics*
el ciclismo	*cycling*
la equitación	*horse riding*
el esquí	*skiing*
la gimnasia	*gymnastics*
la natación	*swimming*
el patinaje	*skating*
la vela	*sailing*
el hockey	*hockey*
Juego …	*I play …*
Juega …	*He/She plays …*
Juegan …	*They play …*
… al bádminton	*badminton*
… al baloncesto	*basketball*
… al cricket	*cricket*
… al fútbol	*football*
… al rugby	*rugby*
… al squash	*squash*
… al tenis	*tennis*
… al voleibol	*volleyball*
Hago surfing.	*I go surfing.*
Hago windsurf(ing).	*I go windsurfing.*

Los pasatiempos	*Hobbies*
bailar	*dancing*
cantar	*singing*
cocinar	*cooking*
escuchar música	*listening to music*
hablar por teléfono	*talking on the telephone*
ir a la piscina	*going to the swimming pool*
ir al cine/al polideportivo	*going to the cinema/to the sports centre*
ir de compras	*going shopping*
jugar con los videojuegos	*playing video games*
jugar con mi Playstation	*playing with my Playstation*
jugar con el ordenador	*playing on the computer*
leer	*reading*
mandar mensajes	*sending text messages*
montar a caballo	*going horse riding*
navegar por Internet	*surfing the Internet*
salir con mis amigos	*going out with my friends*
tocar la guitarra/el piano	*playing the guitar/piano*
ver la tele(visión)	*watching television*

¿Qué te gusta hacer en tu tiempo libre?	*What do you like doing in your free time?*
¿Te gusta (escuchar música)?	*Do you like (listening to music)?*
Me gusta (escuchar música).	*I like (listening to music).*
Me encanta …	*I love …*
No me gusta …	*I don't like …*
Detesto/odio …	*I hate …*
Prefiero …	*I prefer …*

¿Qué haces?	*What do you do?*
Arreglo mi dormitorio.	*I tidy my room.*
Hago deporte.	*I do sport.*
Hago la cama.	*I make the bed.*
Hago los deberes.	*I do my homework.*
Juego a las cartas.	*I play cards.*
Monto en bicicleta.	*I ride my bicycle.*
Monto en monopatín.	*I go skateboarding.*
Salgo con mis amigos.	*I go out with my friends.*
Toco la guitarra.	*I play the guitar.*
Veo la televisión.	*I watch TV.*
Voy a casa de mis abuelos.	*I go to my grandparents.*
Voy a la pista de hielo.	*I go to the ice rink.*
Voy a la playa.	*I go to the beach.*
Voy a un parque temático.	*I go to a theme park.*
Voy a un partido de fútbol.	*I go to a football match.*
Voy al campo.	*I go to the country.*
Voy al cine.	*I go to the cinema.*
Voy al instituto.	*I go to school.*

¿Qué hace?	*What does he/she do?*
Voy de compras.	*I go shopping.*
Arregla su dormitorio.	*He/She tidies his/her room.*
Hace deporte.	*He/She does sport.*
Hace la cama.	*He/She makes his/her bed.*
Hace los deberes.	*He/She does his/her homework.*
Juega a las cartas.	*He/She plays cards.*
Toca la guitarra.	*He/She plays the guitar.*
Va al instituto.	*He/She goes to school.*
Ve la televisión.	*He/She watches TV.*
a veces	*sometimes*
los fines de semana	*(at) the weekends*

todos los días	*every day*
¡es divertido!	*it's fun!*
o	*or*
mi	*my*
su	*his/her/its/yours (usted)*
tu	*your*

¿Quieres salir?	***Do you want to go out?***
¿Dígame?/¿Diga?	*Hello (on answering the phone)?*
Soy (Pedro).	*It's (Pedro).*
¿Quieres ir (al cine)?	*Do you want to go (to the cinema)?*
¿Quieres jugar (al tenis)?	*Do you want to play (tennis)?*

¿Cuándo y dónde?	***When and where?***
Esta mañana/tarde.	*This morning/afternoon (or evening)*
Esta noche.	*Tonight.*
Mañana.	*Tomorrow.*
El (sábado).	*On (Saturday).*
¿A qué hora?	*At what time?*
a la(s) …	*at …*
¿Dónde nos encontramos?	*Where shall we meet?*
en la plaza	*in the square*
en mi casa	*at my house*
en la entrada	*at the entrance*
en la estación	*at the station*
Bueno/Vale/De acuerdo/Bien	*OK*

Un mensaje	***A text message***
Un abrazo	*A hug*
Un beso	*A kiss*
Besos	*Kisses*
Saludos	*Regards/Best wishes*

¿Qué vas a hacer?	***What are you going to do?***
¿Qué vas a hacer este fin de semana?	*What are you going to do this weekend?*
Voy a (dormir/ver un video).	*I'm going to (sleep/watch a video).*
Voy a levantarme a las …	*I'm going to get up at …*
Voy a acostarme a las …	*I'm going to go to bed at …*
Van a …	*They're going to …*
por la mañana	*in the morning*
por la noche	*at night*
por la tarde	*in the afternoon/evening*

¿Ayudas en casa?	***Do you help at home?***
Barro el patio.	*I sweep the patio.*
Cocino.	*I cook.*
Friego los platos.	*I wash the dishes.*
Hago la compra.	*I do the shopping.*
Lavo el coche.	*I wash the car.*
Paso la aspiradora.	*I hoover.*
Plancho.	*I do the ironing.*
Pongo la mesa.	*I lay the table.*
Preparo la cena.	*I prepare supper/dinner.*
Quito la mesa.	*I clear the table.*
Saco la basura.	*I put the rubbish out.*
Ayudo un poco.	*I help a little.*
No hago nada.	*I don't do anything.*
Nunca.	*Never.*
¿Cómo vas a ayudar?	*How are you going to help?*
Voy a arreglar mi dormitorio/fregar los platos/cocinar …	*I'm going to tidy my room/wash the dishes/cook …*

Las tareas domésticas	***Domestic chores***
arreglar mi dormitorio	*(to) tidy my room*
barrer el patio	*(to) sweep the patio*
cocinar	*(to) cook*
fregar los platos	*(to) wash the dishes*
hacer la compra	*(to) do the shopping*
lavar el coche	*(to) wash the car*
pasar la aspiradora	*(to) hoover*
planchar	*(to) do the ironing*
poner la mesa	*(to) lay the table*
preparar la cena	*(to) prepare supper/dinner*
quitar la mesa	*(to) clear the table*
sacar la basura	*(to) put the rubbish out*

¡Bienvenidos!

Te toca a ti A

Pon las frases del diálogo en el orden correcto.

Ejemplo: c, i, …

a Tengo quince años. ¿Y tú?
b Bien. ¿Cómo te llamas?
c Buenos días.
d Me llamo Carlota. ¿Cuántos años tienes?
e Mi cumpleaños es el veinte de noviembre también!
f Muy bien. ¿Y tú?
g Me llamo José. ¿Y tú?
h Es el veinte de noviembre. ¿Cuándo es tu cumpleaños?
i ¡Hola! ¿Qué tal?
j Tengo catorce años. ¿Cuándo es tu cumpleaños?

Empareja los números.

Ejemplo: 12 – doce

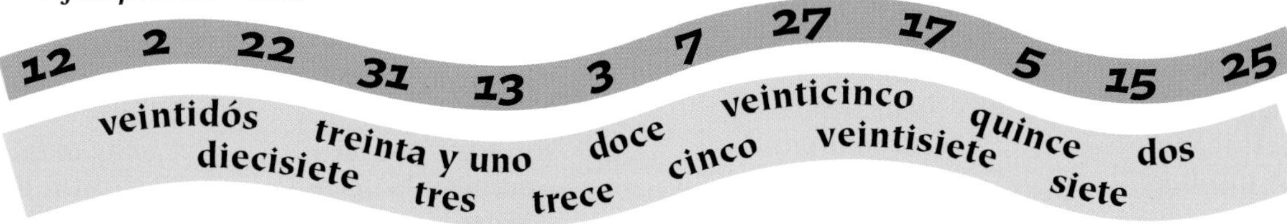

Empareja las palabras con los dibujos.

Ejemplo: 1 – e

1 un sacapuntas
2 un estuche
3 una agenda
4 dos bolígrafos
5 dos carpetas
6 tres libros
7 unos lápices
8 una regla
9 un diccionario

a

b
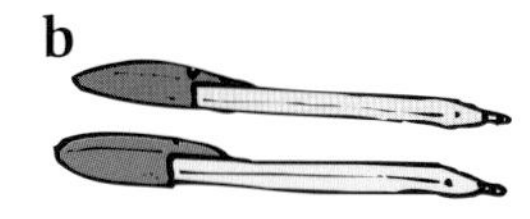

c

d
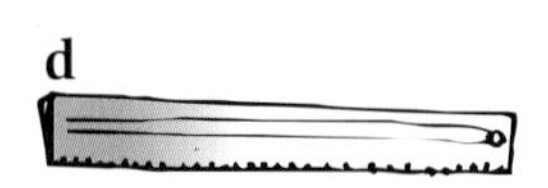

e

f
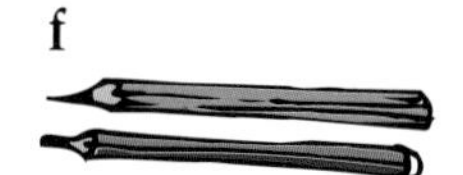

g

h

i
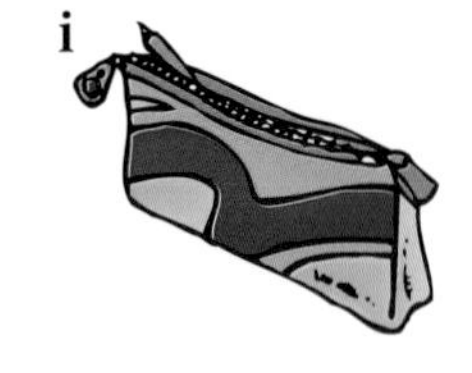

Copia y rellena los espacios en blanco con las palabras apropiadas.

En mi ________ tengo una ________, dos ________, un ________ y ________ estuche. En el estuche ________ tres bolígrafos y ________ regla. ________ tengo un sacapuntas pero tengo ________ lápices.

unos | tengo | un | carpeta | mochila | cuaderno | libros | una | no

Te toca a ti B

¡Bienvenidos!

Empareja las frases.

1	Hasta	**a**	tu nombre?
2	Buenos	**b**	ordenador.
3	Abrid	**c**	pasar lista.
4	Buenas	**d**	un bolígrafo.
5	Escribid	**e**	en español?
6	Mirad	**f**	en los cuadernos.
7	Voy a	**g**	los libros.
8	¿Cómo se dice 'book'	**h**	la pizarra.
9	Déjame	**i**	días.
10	¿Cómo se escribe	**j**	mañana.
11	Trabajad en el	**k**	tardes.

Copia y rellena el cuadro.

Ejemplo:

	Nombre	Edad	Cumpleaños
1	*Jaime*	*14*	*15/11*

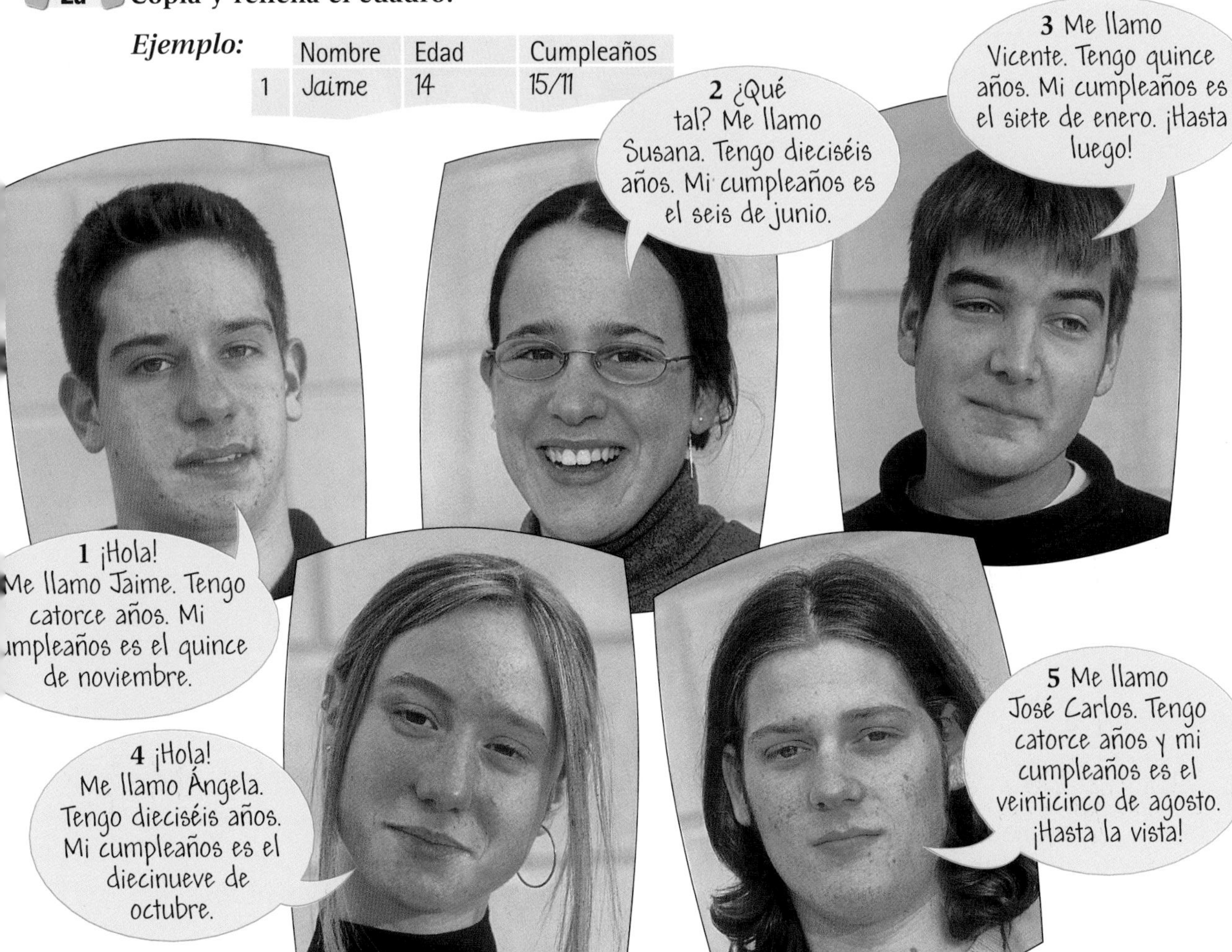

Escribe un texto similar sobre ti.

Tú y yo

Te toca a ti A

1 Leer **Elige dos frases apropiadas para cada dibujo.**

Ejemplo: *1 – f, l*

a Me llamo Carlos. Soy español.

b Me llamo Naomi. Soy inglesa.

c Me llamo David. Soy galés.

d Me llamo Fiona. Soy escocesa.

e Me llamo François. Soy francés.

f Me llamo Alba. Soy española.

g Vivo en París.

h Vivo en Londres.

i Vivo en Edimburgo.

j Vivo en Madrid.

k Vivo en Cardiff.

l Vivo en Barcelona.

Copia y completa las frases con las palabras apropiadas.

1 Me llamo ________ .
2 Tengo ________ años.
3 Soy de Madrid, en España: soy ________ .
4 Tengo una ________ y ________ hermano.
5 Mi ________ se llama ________ y mi hermano se llama ________ .
6 Tengo un gato. Mi gato se llama ________ .
7 Tengo los ________ marrones.
8 Tengo el pelo ________ .

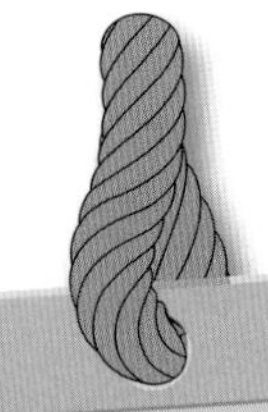

Nombre: Penélope Cruz
Edad: 28 años
Nacionalidad: española
Hermanos: una hermana (Mónica) y un hermano (Eduardo)
Animales: un gato (Aitana)
Color de los ojos: marrones
Color del pelo: castaño

Escribe seis frases sobre ti.

Tú y yo

Te toca a ti B

Empareja los anuncios y elige el anuncio apropiado para cada dibujo.

Ejemplo: *1 – d, B*

A

B

C

D

1 Buscamos a un gato. Se llama Raya.

2 Busco a mi perro. Es grande.

3 Se busca a un conejo.

4 Buscamos a un perro.

a Es blanco y negro. ¡Es bastante grande! Se llama Sebastián.

b Es pequeño. Es blanco. Se llama Escoti.

c Es negro y marrón. Se llama Alfredo.

d Es un gato atigrado. ¡Es muy inteligente!

Leer 2a **Empareja cada descripción con el dibujo apropiado.**

Ejemplo: *1 – b*

a

b

c

d

e

1 Me llamo Esteban. Tengo el pelo negro y rizado. Tengo los ojos marrones.
2 Mi hermana se llama Irene. Es bastante alta. Tiene el pelo pelirrojo y tiene los ojos verdes.
3 Mi nombre es Alberto. Tengo el pelo corto y llevo gafas. Soy bajo.
4 Mi padre tiene el pelo castaño. Tiene barba y bigote.
5 Mi amigo se llama Vicente. Es alto. Tiene el pelo negro y los ojos azules.

Describe a una persona de tu familia, un amigo o una amiga.

¡Vamos al instituto!

Te toca a ti A

Empareja las asignaturas.

Ejemplo: *1 – j (la historia)*

1	la his	**a**	logía
2	el ing	**b**	afía
3	el espa	**c**	ncias
4	las mat	**d**	ucación física
5	la ed	**e**	sica
6	la infor	**f**	mática
7	la geogr	**g**	ñol
8	la tecno	**h**	emáticas
9	la mú	**i**	lés
10	las cie	**j**	toria

Empareja los relojes con las horas correctas.

Ejemplo: *1 – d*

1. Son las tres y media.
2. Son las siete y veinte.
3. Son las diez menos cuarto.
4. Son las ocho y cuarto.
5. Son las nueve menos veinte.
6. Es la una y diez.
7. Son las doce.
8. Es la una menos veinticinco.
9. Son las diez y veinticinco.

a 

b 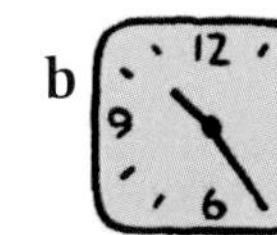

c 

d 

e 

f 

g 

h 

i 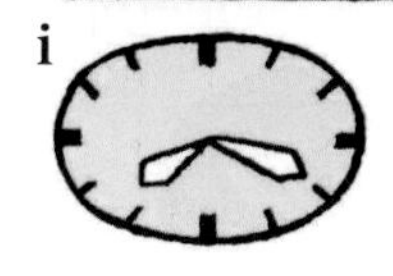

Copia y completa.

Hoy es lunes. Tenemos **1**  a las ocho y media. Después tenemos **2**  . A las diez y media empieza el **3**  . A las once tenemos **4**  . Luego tenemos **5**  . La **6**  empieza a la una. Por la tarde tenemos **7**  y **8**  . Las clases terminan a las 3.00.

3b Copia y completa las frases para ti.

1. Hoy es lunes. Tenemos … a las …
2. Después tenemos …
3. El recreo empieza a las …
4. Luego tenemos …
5. La comida empieza a las …
6. Por la tarde tenemos …
7. Las clases terminan a las …

¡Vamos al instituto!

Te toca a ti B

1 Copia y completa las frases con las palabras apropiadas.

Ejemplo: *1 – instituto*

El (1)__________ de María se llama Pérez Galdós. Es (2)__________. No hay (3)__________. Va al instituto (4)__________. Normalmente Maria (5)__________ a las 8.20. Llega (6)__________. Las clases (7)__________ a las 8.30 y (8)__________ a las dos. Come en . (9)__________. Durante el recreo come un (10)__________ en la (11)__________. A María le encanta la (12)__________ porque es divertida. El instituto tiene una (13)__________ de informática muy buena. Odia las (14)__________ porque son (15)__________. Prefiere el (16)__________ porque los (17)__________ son buenos.

profesores *cantina* *aburridas* *terminan* *informática*
inglés *aula* *casa* *empiezan* *bocadillo* *matemáticas*
mixto *a pie* *a tiempo* *instituto* *llega* *uniforme*

2 ¿Qué hace Sebastián? Escribe una frase para cada dibujo.

Ejemplo: *a – Sebastián llega al instituto a las 8.15.*

a

b

c

d

e

f

Te toca a ti A

Empareja las frases.

Ejemplo: *1 – c*

1 Me ducho en el
2 Me visto en mi
3 Desayuno en la
4 Como en el
5 Veo la televisión en el
6 Hago los deberes en el
7 Me divierto con mis amigos en el

a cocina.
b dormitorio.
c cuarto de baño.
d jardín.
e despacho.
f salón.
g comedor.

Mira el dibujo. Completa las frases con el color correcto.

Ejemplo: *1 – blanco*

1 La mesa es …
roja.
verde.
marrón.

2 La lámpara es …
azul.
negra.
amarilla.

3 Las paredes son …
blancas.
verdes.
amarillas.

4 Las cortinas son …
azules.
grises.
marrones.

5 Las estanterías son …
blancas.
verdes.
grises.

6 La alfombra es …
roja.
negra.
azul.

Mira el dibujo otra vez. Copia y completa las frases con las palabras apropiadas.

Ejemplo: *1 – debajo*

1 La mochila está ____________ de la silla.
2 El ordenador está ____________ de la mesa.
3 El equipo de música está ____________ de la estantería.
4 La alfombra está ____________ de la cama.
5 El armario está ____________ de la puerta.
6 La lámpara está ____________ de la cama.
7 La puerta está ____________ el armario y la ventana.
8 La silla está ____________ de la ventana.

al lado *al lado*
debajo *encima*
encima *delante*
entre *debajo*

Te toca a ti B

Empareja cada descripción con el dibujo apropiado.

1 Vivo en una casa grande. Es adosada y es de tres plantas. Tiene un garaje.

2 Vivo en las afueras de la ciudad. Vivo en un chalet de dos plantas. Es antiguo y muy bonito. Tiene un jardín.

3 Vivo en un piso en un bloque moderno en el centro de la ciudad.

4 Vivo en una granja en el campo. Es antigua. Es de dos plantas.

5 Vivo en un piso en un bloque antiguo en la costa.

Pon las frases en el orden correcto.

Ejemplo: *l, d …*

- **a** Después de cenar veo la televisión.
- **b** Me ducho.
- **c** Me duermo inmediatamente.
- **d** Me levanto a las diez y media.
- **e** Después de ducharme desayuno tostadas y café con leche.
- **f** Por la tarde me divierto con mis amigos.
- **g** Como a la una y media.
- **h** Me acuesto a las once.
- **i** Tengo una clase de piano a las dos.
- **j** Después de desayunar veo la televisión.
- **k** Ceno a las nueve.
- **l** Los sábados me despierto tarde.

Escribe una frase para cada dibujo.

Ejemplo: *a – Me levanto a las nueve y media.*

Te toca a ti A

Empareja las frases con los dibujos apropiados.

1 Hace sol.
2 Hace frío.
3 Hace viento.
4 Llueve.
5 Nieva.
6 Hay niebla.
7 Hay tormenta.

Mira el mapa y empareja las frases.

Ejemplo: 1 – c

1 En el norte del país …
2 Nieva en las montañas …
3 En el centro del país y en la capital …
4 En la costa, cerca de Barcelona, …
5 Hace mucho calor …

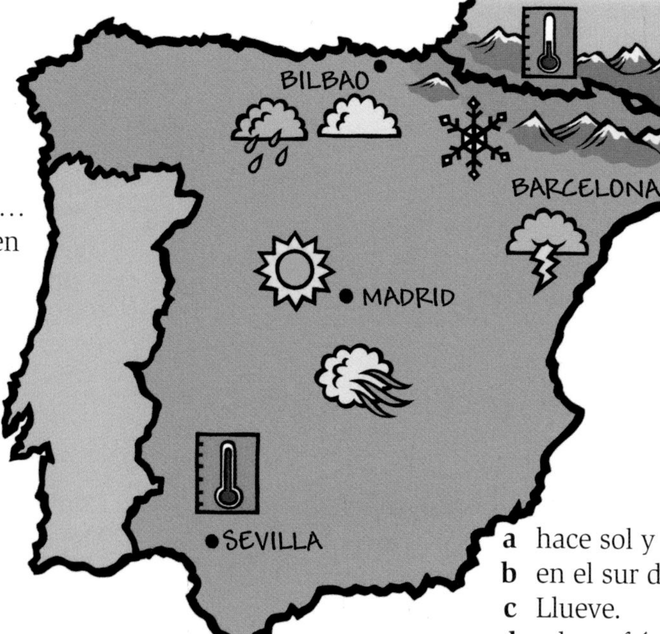

a hace sol y hace viento.
b en el sur del país.
c Llueve.
d y hace frío.
e hay tormenta.

¿Qué son A, B y C? Lee las direcciones. Escribe la letra apropiada.

1 Toma la primera calle a la izquierda y la tienda de regalos está a la derecha, entre la oficina de turismo y el café de Internet.
2 El museo no está lejos. Está en la calle Jerez. Está enfrente de la estación de trenes.
3 El centro comercial está a diez minutos andando. Toma la segunda calle a la izquierda. El centro comercial está a la derecha, al lado del supermercado.

Escribe direcciones para llegar a tres lugares en el mapa.

Te toca a ti B

Empareja cada descripción con el dibujo apropiado.

a

b

c

d

1
Vivo en un pueblo pequeño en las montañas en el norte de España. Aquí hace mucho frío en invierno y nieva bastante. Es un lugar muy tranquilo. Me gusta porque no hay mucho tráfico. ¡Aquí se respira aire puro! Vivimos en una casa antigua. No es muy grande pero es muy bonita. El pueblo está cerca de un parque nacional.

2
Vivo en una ciudad que está al noroeste de Madrid. Es una ciudad antigua y muy histórica. Es famosa por su universidad. Tiene iglesias y museos. También tiene bares, restaurantes, tiendas y parques. En el centro de la ciudad está la Plaza Mayor que es grande, antigua y muy bonita. Está lejos de la costa pero muchos turistas visitan la ciudad.

3
Vivo en un pueblo en la costa. Está en el este del país, a una hora en coche de Alicante. Es pequeño y tranquilo pero no es aburrido. Tiene una playa, restaurantes, un cine y un polideportivo. Hay un barrio antiguo y un parque.

4
Vivo en las afueras de una ciudad industrial. Tiene un puerto y muchas fábricas. Hay un aeropuerto y una estación de trenes. Hay mucho tráfico. Vivo en un piso en el sur de la ciudad. Está a veinte minutos del centro en metro. Me gusta el centro porque es moderno. También me gusta mi barrio porque aquí tengo muchos amigos. En mi barrio hay una piscina, tiendas, un cine y un estadio. Voy al instituto a pie o en bicicleta porque está muy cerca.

Elige la descripción apropiada para cada frase.

Ejemplo: *a – 3*

a Es tranquilo pero no es aburrido.
b Puedes ir a la playa.
c Tiene una plaza impresionante y una universidad.
d En esta región nieva bastante en invierno.
e Es posible ir al centro en metro.
f No hay mucho tráfico.
g No está cerca de la playa pero tiene muchos edificios y monumentos interesantes.

Escribe una descripción de un pueblo o de una ciudad de tu país.

Módulo 6
El tiempo libre

Te toca a ti A

Leer 1 **¿Qué deportes practica Luis? Copia y completa las frases.**

Juego al  y al . También juego al  pero no me gusta mucho. A veces monto en  con mi madre. En invierno practico el . En verano hago  y juego al en la playa con mis amigos.

Leer 2 **¿Qué pasatiempos mencionan Sandra, Jaime, Bea y Juan Pablo? Empareja los dibujos con las personas apropiadas y dibuja los símbolos.**

Me encanta	✔✔ ☺
Me gusta	✔ ☺
No me gusta	✘ ☹
Odio	✘✘ ☹

Ejemplo: *Sandra: e ☺, …*

a b c  

d 

e 

f 

g 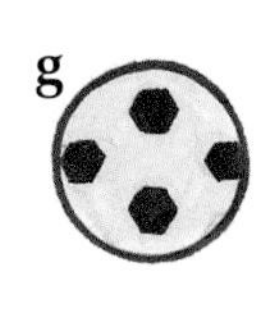

h 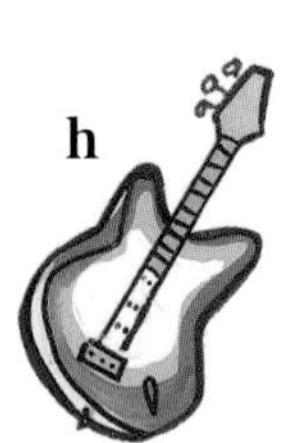

i 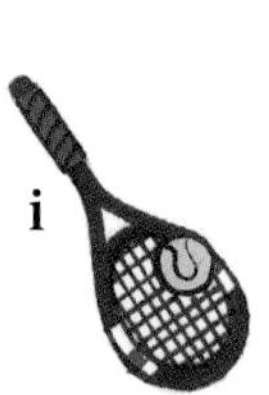

j 

k 

l 

m 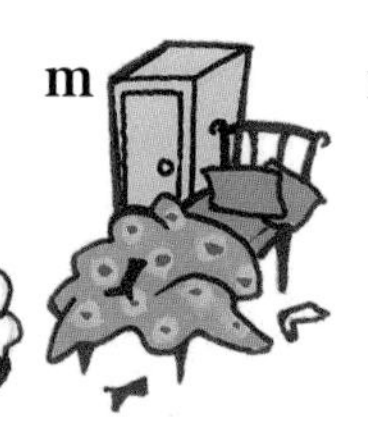

n 

Me llamo Sandra. En mi tiempo libre me gusta escuchar música y leer. Me encanta salir con mis amigos. Me gusta navegar por Internet pero no me gusta jugar con los videojuegos,

Mi nombre es Jaime. En mi tiempo libre me gusta ver la televisión y tocar la guitarra. Me encanta cocinar. Odio jugar al fútbol.

Me llamo Bea. En mi tiempo libre me gusta ir al cine. También me gusta jugar al tenis o al bádminton. Me encanta ir de compras. No me gusta arreglar mi dormitorio.

Me llamo Juan Pablo. En mis ratos libres me gusta escuchar música y leer. También me gusta ir al polideportivo a jugar al bádminton o al tenis. ¿Qué no me gusta? Pues, no me gusta ir de compras.

Escribir 3 **Escribe seis frases para describir los dibujos en 2.**

Ejemplo: *Me encanta escuchar música.*
No me gusta cocinar.

Te toca a ti B

El tiempo libre

Pon las frases del diálogo en el orden correcto.

Ejemplo: c, …

a ¿Cuándo?
b A las siete y media.
c Adiós.
d El viernes, por la tarde.
e Está bien.
f Estupendo. Hasta el viernes. Adiós.
g ¡Hola, Magda! Es Carlos. ¿Quieres ir al cine?
h Vale. ¿A qué hora?

Lee la carta y pon los dibujos en el orden en que se mencionan.

Ejemplo: c, …

Querida Emma:
¡Hola! Gracias por tu carta. Me preguntas: ¿Qué haces en tu tiempo libre? Pues ahora te voy a explicar. Aquí en España las clases terminan a las dos de la tarde. No comemos en el instituto. Vamos a casa a comer. Pues yo, después de comer, veo la televisión un rato. Luego hago los deberes. Tenemos muchos deberes: hasta tres horas al día. Es mucho, ¿verdad? Tengo clases de inglés y de francés también. El lunes y el miércoles, desde las seis hasta las siete, tengo una hora de inglés. El martes y el jueves tengo francés. En el verano voy a ir a Francia o a Estados Unidos. El miércoles y el viernes voy al polideportivo a jugar al baloncesto. El jueves voy a la piscina. El sábado me gusta salir con mis amigos. Vamos al cine, a la pista de hielo o por ahí. A veces vamos a la playa o a un parque temático.
Y tú, Emma. ¿Qué haces en tu tiempo libre? ¡Escríbeme pronto!
Abrazos
Enrique

Escribe una carta similar a Enrique.

1 Nouns

Nouns in Spanish are either masculine or feminine:

Masculine	***Feminine***
diccionario *dictionary*	mochila *rucksack*

Add an **s** to make nouns plural in most cases:

diccionarios	mochilas

For nouns that end in a consonant, add **es** to make the plural:

Singular	***Plural***
ordenador *computer*	ordenador**es** *computers*
animal *animal*	animal**es** *animals*

Some words gain or lose an accent in the plural:

canción *song*	canciones *songs*
dirección *direction*	direcciones *directions*

Words ending in **z** in the singular change the **z** to a **c** then add **es** for the plural:

lápiz *pencil*	lápices *pencils*

Compound nouns are made up of two words put together. They are masculine and do not change to become plural:
el sacapuntas *pencil sharpener*
los sacapuntas *pencil sharpeners*
el cumpleaños *birthday*
los cumpleaños *birthdays*

Some nouns are always plural:
los deberes *homework* las gafas *glasses*

Write the plural of these words.

1 bolígrafo (biro)
2 regla (ruler)
3 profesor (teacher)
4 conversación (conversation)
5 pez (fish)

Some nouns have masculine and feminine forms:

el hermano *brother*	la hermana *sister*
el profesor *teacher*	la profesora *teacher*

But when these are a mixed group, they always take the masculine plural:
los hermanos *brothers and sisters*
los profesores *teachers*

2 Articles

2.1 Definite articles

The word for 'the' changes according to whether the noun is masculine (m), feminine (f) or plural (pl):

m. singular	***m. plural***
el cuaderno	**los** cuadernos

f. singular | *f. plural*
la carpeta | **las** carpetas

Write out these words, adding **el**, **la**, **los** or **las** before each one:

1 regla (f)
2 cuaderno (m)
3 mochila (f)
4 libro (m)
5 bolígrafos (m.pl)
6 lápices (m.pl)
7 estuche (m)
8 agenda (f)
9 carpeta (f)
10 diccionario (m)

2.2 Indefinite articles

Similarly, the words for 'a', 'an' and 'some' change:

m. singular
un bolígrafo *a biro*

m. plural
unos bolígrafos
some biros

f. singular
una pluma
a fountain pen

f. plural
unas plumas
some fountain pens

Sometimes the article is not needed in Spanish:
No tengo hermanos.
I haven't got any brothers or sisters.

Write **un**, **una**, **unos** or **unas** before each noun.

1 perro (m)
2 agenda (f)
3 gato (m)
4 cobaya (f)
5 gomas (f.pl)
6 bolígrafos (m.pl)
7 pájaro (m)
8 sacapuntas (m)
9 mochila (f)
10 lápices (m.pl)
11 ordenador (m)
12 peces (m.pl)
13 hermano (m)
14 hermana (f)

3 Pronunciation

The Spanish alphabet:

a ah
b beh
c theh
ch cheh
d deh
e eh
f efeh
g heh
h acheh
i ee
j hota
k kah
l eleh
ll elyeh
m emeh
n eneh
ñ eñyeh
o oh
p peh
q cuh
r ere
rr erre
s eseh
t teh
u uuh
v uuveh
w uuveh dobleh
x ekis
y ee griegah
z theta

ch and **ll** are no longer treated as separate letters in the spanish alphabet, although you may see them in older dictionaries.

Can you find those letters in the Spanish alphabet which we do not have in English?

How many Spanish words containing these letters can you think of?

In Spanish most words are written as they are pronounced. Here are some points to help you:

c and z

c + e = (th)	**ce**ro, on**ce**, do**ce**
c + i = (th)	**ci**nco, gra**ci**as
z + a, o, u = (th)	pi**za**rra, mar**zo**, a**zu**l
c + a = (ka)	**ca**sa, **ca**torce
c + o = (ko)	**có**mo, **co**lor
c + u = (ku)	**Cu**ba, **cu**bano

h
h is always silent in Spanish:
h**ablo** h**ermano** h**ijo** ¡h**ola!**

j and **g**
j is always pronounced at the back of the throat as in words like:
cone**jo** o**jo** pá**ja**ro **ju**nio

g is pronounced like **j** when it comes before **e** and **i**:
gemelas **G**ibraltar

But **g** + **a**, **o**, **u** is a sound like the g in good.
galés **go**ma re**gu**lar

How many Spanish boys' names can you think of that begin with J? Write them down and read them to your partner. Remember to pronounce the J correctly, with a sound from the back of your throat.

4 Numbers

4.1 Cardinal numbers

The number one and other numbers ending in **uno** or **ciento** agree with the noun they describe. Other numbers do not agree.

Tengo **un** gato y seis peces.
Tengo dos hermanos y **una** hermana.

Mi hermano tiene veinti**ún** años.
Mi padre tiene cuarenta y **un** años.

0	cero
1	uno (m) una (f)
2	dos
3	tres
4	cuatro
5	cinco
6	seis
7	siete
8	ocho
9	nueve
10	diez
11	once
12	doce
13	trece
14	catorce
15	quince
16	dieciséis
17	diecisiete
18	dieciocho
19	diecinueve
20	veinte
21	veintiuno (veintiuna)
22	veintidós
23	veintitrés
24	veinticuatro
25	veinticinco
26	veintiséis
27	veintisiete
28	veintiocho
29	veintinueve
30	treinta
31	treinta y uno (treinta y una)
32	treinta y dos
40	cuarenta
50	cincuenta
60	sesenta
70	setenta
80	ochenta
90	noventa
100	cien, ciento
101	ciento uno (ciento una)
102	ciento dos
110	ciento diez
125	ciento veinticinco
136	ciento treinta y seis
200	doscientos (m) doscientas (f)
300	trescientos (m) trescientas (f)
400	cuatrocientos (m) cuatrocientas (f)
500	quinientos (m) quinientas (f)
600	seiscientos (m) seiscientas (f)
700	setecientos (m) setecientas (f)
800	ochocientos (m) ochocientas (f)
900	novecientos (m) novecientas (f)
1000	mil
1002	mil dos
2000	dos mil
5000	cinco mil
10000	diez mil

Write out these numbers as words.

3	7	11	13	18
22	29	30	31	40
50	60	70	80	90

4.2 Ordinal numbers

first 1° el primero (m) 1ª la primera (f)

1°/a primero/a
2°/a segundo/a
3°/a tercero/a
4°/a cuarto/a
5°/a quinto/a

6°/a sexto/a
7°/a séptimo/a
8°/a octavo/a
9°/a noveno/a
10°/a décimo/a

Primero becomes **primer** before a masculine noun:

En el primer piso hay tres dormitorios y un cuarto de baño.

Primera does not change:
Toma la primera (calle) a la derecha.

5 Dates

el primero/uno de mayo *May 1st*
el dos de mayo *May 2nd*
el tres de mayo *May 3rd*

mil novecientos noventa y nueve = 1999
dos mil dos = 2002
dos mil tres = 2003

Write out these years as words.

1998
2001
2004

6 The calendar

6.1 Months of the year

enero, febrero, marzo, abril, mayo, junio, julio, agosto, septiembre, octubre, noviembre, diciembre

6.2 Days of the week

lunes, martes, miércoles, jueves, viernes, sábado, domingo

6.3 Seasons

la primavera	*spring*
el verano	*summer*
el otoño	*autumn*
el invierno	*winter*

Write the missing word in each sequence.

1 enero, ... , marzo, abril
2 mayo, junio, ... , agosto
3 septiembre, octubre, ..., diciembre
4 lunes, ..., miércoles
5 jueves, viernes, ..., domingo
6 primavera, ..., otoño, ...

7 Adjectives

Adjectives agree with the noun they describe so they have masculine, feminine and plural forms too:

m. singular	***m. plural***
pequeñ**o** *small*	pequeñ**os**
un perro pequeño	unos perros pequeños
f. singular	***f. plural***
pequeñ**a**	pequeñ**as**
una tortuga pequeña	unas tortugas pequeñas

They add an **s** to become plural as you can see in the examples above. Many adjectives end in **o** for the masculine form and **a** for the feminine, but there are some exceptions, for example:

m. and f. singular	***m. and f. plural***	
fácil	fáciles	*easy*
difícil	difíciles	*difficult*
inteligente	inteligentes	*intelligent*
interesante	interesantes	*interesting*

Nationalities are adjectives and agree with the person they describe.

m.	***m. plural***	***f.***	***f. plural***
australiano	australianos	australiana	australianas
británico	británicos	británica	británicas
canadiense	canadienses	canadiense	canadienses
escocés	escoceses	escocesa	escocesas
español	españoles	española	españolas
estadounidense	estadounidenses	estadounidense	estadounidenses
galés	galeses	galesa	galesas
inglés	ingleses	inglesa	inglesas

irlandés	irlandeses	irlandesa	irlandesas
jamaicano	jamaicanos	jamaicana	jamaicanas
mexicano	mexicanos	mexicana	mexicanas
nigeriano	nigerianos	nigeriana	nigerianas
paquistaní	paquistanís	paquistaní	paquistanís

Countries start with a capital letter:
España Escocia Estados Unidos Jamaica

But nationalities and languages do not:
Soy español. Hablo español.
Soy francés. Hablo francés.

Write the nationality for each person.

1 Lidia es de México.
2 Ryan es de Gales.
3 Alsana es de Paquistán.
4 Callum es de Escocia.
5 Josh es de Canadá.

Write the language for each person.

1 Soy francesa. Hablo ....
2 Soy británico. Hablo ....
3 Soy mexicana. Hablo ....
4 Soy canadiense. Hablo....................

8 Possessive adjectives

The words for 'my', 'your', 'his', and 'her' are the same for both masculine and feminine and they add an **s** to become plural.

	m. and f. singular	*m. and f. plural*
my	**mi** madre	**mis** padres
your (tú)	**tu** carpeta *folder*	**tus** carpetas
his/her/ its/your (usted)	**su** estuche *pencil case*	**sus** estuches

There is no apostrophe 's' in Spanish to describe possession. You use **de** instead:
La casa **de** mi hermano es pequeña.

de + **el** becomes **del**:

la mesa **del** profesor

But **de** remains a separate word in front of **la**, **los** and **las**:

la puerta de la casa
el dormitorio de los hermanos
las cartas de las chicas

9 Prepositions of place

detrás de *behind*
delante de *in front of*
enfrente de *opposite*
al final de *at the end of*
al lado de *next to*
sobre *on top of*
debajo de *under*
a la derecha de *to the right of*
a la izquierda de *to the left of*

a + el = al **de + el = del**
Sigue todo derecho y la plaza está al final de la calle.

10 Questions

In Spanish questions start and finish with a question mark. The one at the beginning of the question is upside down:
¿Cómo te llamas? ¿Cuántos años tienes?

Words for asking questions have accents:
¿C**ó**mo estás? ¿Cu**á**l es tu nacionalidad?
¿D**ó**nde vives? ¿Cu**á**ndo es tu cumpleaños?

Some of these question words change to agree with plural nouns:
¿Cuánt**os** años tienes? ¿Cuánt**as** hermanas tienes?

You can make questions without question words too. Simply put an upside down question mark before the beginning of the sentence:
¿Hablas español?
¿Vives en Londres?
¿Comes en el instituto o en casa?
¿Te gusta ir de compras?

11 Negatives

Put **no** before the verb to make a negative sentence:

Hablo alemán.	No hablo alemán.
Vivo en Coventry.	No vivo en Coventry.
Me gusta bailar.	No me gusta bailar.
Me hace falta una regla.	No me hace falta una regla.

12 Verbs (1): regular verbs

There are three verb endings for regular verbs: **ar**, **er** and **ir**. They all follow the same pattern:

	hablar	***to speak***
(yo)	hablo	*I speak*
(tú)	hablas	*you speak*
(él/ella/Ud)	habla	*he/she/it speaks you (formal) speak*
(nosotros)	hablamos	*we speak*
(vosotros)	habláis	*you speak*
(ellos/ellas/Uds)	hablan	*they speak, you (formal) speak*

	comer	***to eat***
(yo)	como	*I eat*
(tú)	comes	*you eat*
(él/ella/Ud)	come	*he/she/it eats you (formal) eat*
(nosotros)	comemos	*we eat*
(vosotros)	coméis	*you eat*
(ellos/ellas/Uds)	comen	*they eat you (formal) eat*

	vivir	***to live***
(yo)	vivo	*I live*
(tú)	vives	*you live*
(él/ella/Ud)	vive	*he/she/it lives you (formal) live*
(nosotros)	vivimos	*we live*
(vosotros)	vivís	*you live*
(ellos/ellas/Uds)	viven	*they live you (formal) live*

In Spanish, you do not usually need to use the subject pronouns (**yo**, **tú**, **él**, etc.) because the verb endings show which person is referred to.

12.1 The familiar form

You use the second person of the verb when you are talking to friends, relations and children. If you are talking to one person in this form you use the **tú** form:
Hablas español muy bien.
¿Comes en casa o en el instituto?
¿Dónde vives?

If you are talking to more than one person in the familiar form you use the second person plural:
¿Habláis inglés y español?
¿A qué hora coméis?
¿Vivís en Barcelona?

12.2 The polite form

When you are talking to an adult who is not a close friend or relative you use the polite form, **usted** or **ustedes** (often abbreviated to **Ud/Vd** or **Uds/Vds**).
For example:
¿Cómo se llama Ud/Vd?
¿Puede repetir, por favor?
¿Habla Ud/Vd inglés?
¿De dónde son Uds/Vds?
¿Qué idiomas hablan?
¿Dónde viven?

Complete the answers with the correct part of the verb. Then write the questions as if speaking to **two** people of your own age. Write the answers accordingly.

1. ¿Qué idiomas hablas?
   … inglés y español.
2. ¿Comes en casa a mediodía?
   No, … en el instituto.
3. ¿Dónde vives?
   … en Bristol.

13 Verbs (2): irregular verbs

Some verbs do not follow the regular pattern. They are called irregular verbs:

	ir	***to go***
(yo)	voy	*I go*
(tú)	vas	*you go*
(él/ella/Ud)	va	*he/she/it goes, you (formal) go*
(nosotros)	vamos	*we go*
(vosotros)	vais	*you go*
(ellos/ellas/Uds)	van	*they go, you (formal) go*

	tener	***to have***
(yo)	tengo	*I have*
(tú)	tienes	*you have*
(él/ella/Ud)	tiene	*he/she/it has, you (formal) have*
(nosotros)	tenemos	*we have*
(vosotros)	tenéis	*you have*
(ellos/ellas/Uds)	tienen	*they have, you (formal) have*

	hacer	***to do, to make***
(yo)	hago	*I do*
(tú)	haces	*you do*
(él/ella/Ud)	hace	*he/she/it does, you (formal) do*
(nosotros)	hacemos	*we do*
(vosotros)	hacéis	*you do*
(ellos/ellas/Uds)	hacen	*they do, you (formal) do*

	salir	***to go out***
(yo)	salgo	*I go out*
(tú)	sales	*you go out*
(él/ella/Ud)	sale	*he/she/it goes out, you (formal) go out*
(nosotros)	salimos	*we go out*
(vosotros)	salís	*you go out*
(ellos/ellas/Uds)	salen	*they go out, you (formal) go out*

How would you say ...?

1 I have
2 he does
3 we go out
4 she has
5 I go
6 they have
7 we go
8 I go out
9 they do
10 you (tú) have

14 Verbs (3): *ser* and *estar*

ser	***to be***
soy	*I am*
eres	*you are*
es	*he/she/it is, you (formal) are*
somos	*we are*
sois	*you are*
son	*they are, you (formal) are*

estar	*to be*
estoy	*I am*
estás	*you are*
está	*he/she/it is, you (formal) are*
estamos	*we are*
estáis	*you are*
están	*they are, you (formal) are*

There are two verbs meaning 'to be': **ser** and **estar**. **Ser** is for describing permanent, unchanging things:
Soy español. Bilbao es una ciudad industrial.
Mi casa es moderna.

It is also used for time:
¿Qué hora es? Es la una. Son las dos.

Estar describes positions and temporary conditions:
¿Cómo estás? Estoy fatal.
Bilbao está en el norte del país.
¿Dónde está el hospital?
Está en la calle San Juan.
¿Está lejos?
No, está cerca.

It is also used in certain phrases to describe the weather:
Está nublado. Está lloviendo.

Complete the questions and answers with the correct part of **ser** or **estar**.

1 ¿De dónde ...?
Soy de Sevilla.
2 ¿Cuál es tu nacionalidad?
... español.
3 ¿Es antigua o moderna tu casa?
... moderna.
4 ¿Qué hora ... ?
Son las doce y media.
5 ¿Dónde está el cine?
... en el centro comercial.
6 ¡Hola! ¿Cómo ... ?
Estoy muy bien, gracias.

15 Verbs (4): radical changing verbs

Other verbs follow a pattern in which the middle letters change:

pensar *to think*
p**ie**nso *I think*
p**ie**nsas *you think*
p**ie**nsa *he/she/it thinks, you (formal) think*
pensamos *we think*
pensáis *you think*
p**ie**nsan *they think, you (formal) think*

jugar *to play*
j**ue**go *I play*
j**ue**gas *you play*
j**ue**ga *he/she/it plays, you (formal) play*
jugamos *we play*
jugáis *you play*
j**ue**gan *they play, you (formal) play*

16 Verbs (5): reflexive verbs

Reflexive verbs include the object pronouns **me**, **te**, **se**, **nos**, **os**, **se** before the different parts of the verb. For example:

¿Cómo **te** llamas? — **Me** llamo Carina.
¿A qué hora **te** acuestas? — **Me** acuesto a las diez y media.
Me divierto con mis amigos. — Los alumnos **se** divierten en la clase de español.

llamarse *to be called*
me llamo *I'm called*
te llamas *you're called*
se llama *he's/she's/it's called, you're (formal) called*
nos llamamos *we're called*
os llamáis *you're called*
se llaman *they're called, you're (formal) called*

acostarse *to go to bed*
me acuesto *I go to bed*
te acuestas *you go to bed*
se acuesta *he/she/it goes to bed, you (formal) go to bed*
nos acostamos *we go to bed*
os acostáis *you go to bed*
se acuestan *they go to bed, you (formal) go to bed*

divertirse *to enjoy oneself*
me divierto *I enjoy myself*
te diviertes *you enjoy yourself*
se divierte *he/she/it enjoys him/her/itself, you (formal) enjoy yourself*
nos divertimos *we enjoy ourselves*
os divertís *you enjoy yourselves*
se divierten *they enjoy themselves, you (formal) enjoy yourself*

Acostarse and **divertirse** are reflexive **and** radical changing.

Write the correct form of each verb and say what it means.

1 Me (acostar)
2 Te (divertir)
3 Me (llamar)
4 Nos (divertir)
5 Te (acostar)
6 Te (llamar)

17 The immediate future

You can use the verb **ir** followed by **a** and an infinitive to talk about what you are going to do in the near future:

Voy a jugar al fútbol.
I'm going to play football.
Vas a arreglar tu dormitorio.
You are going to tidy your room.
Va a ver la televisión.
He/She is going to watch television.
Vamos a visitar a mis abuelos.
We are going to visit my grandparents.
Vais a hacer los deberes.
You are going to do your homework.
Van a ir de compras.
They are going to go shopping.

18 *Gustar*

Me gusta really means 'it is pleasing to me'.
Use **gusta** with singular nouns and with verbs in the infinitive:

Me gusta el español.
No me gusta el alemán.
Me gusta jugar al fútbol.
Me gusta ir de compras.

Use **gustan** with plural nouns:
Me gustan los gatos.
No me gustan los ratones.

me gusta/gustan	*I like*
te gusta/gustan	*you like*
le gusta/gustan	*he/she/it likes, you (formal) like*
nos gusta/gustan	*we like*
os gusta/gustan	*you like*
les gusta/gustan	*they like you (formal) like*

Other verbs which work in the same way are:

me encanta/encantan	*I love*
me interesa/interesan	*I am interested in*
me molesta/molestan	*I am annoyed by*
me preocupa/preocupan	*I am worried about*
me hace falta/hacen falta	*I need*

Complete the sentences to give your own opinions.

1 … los perros.
2 … los gatos.
3 … los ratones.
4 … Bart Simpson.
5 … el chocolate.
6 … jugar al fútbol.
7 … ir de compras.
8 … fregar los platos.

19 Imperatives

Imperatives are verb forms for giving instructions.

Classroom instructions

tú (you, familiar form, talking to one person, i.e. the teacher talking to one pupil)	**vosotros** (you, familiar form, talking to more than one person, i.e. the teacher talking to the class)
Abre el libro.	Abrid los libros. *Open your book/s.*
Escribe las respuestas.	Escribid las respuestas. *Write the answers.*
Escucha la cinta.	Escuchad la cinta. *Listen to the tape.*
Mira la página 7.	Mirad la página 7. *Look at page 7.*

Giving directions

tú (you, familiar form)	**usted** (you, formal)
Toma la primera calle a la derecha.	Tome la primera calle a la derecha. *Take the first street on the right.*
Dobla a la izquierda.	Doble a la izquierda. *Turn left.*
Cruza la plaza.	Cruce la plaza. *Cross the square.*
Sigue todo derecho.	Siga todo derecho. *Go straight on.*

Vocabulario español–inglés

A

a *to*
a (cinco) minutos andando *a (five-) minute walk away*
a (cinco) minutos en coche *(five) minutes by car*
a (10) kilómetros *(10) kilometres away*
a la *to the (f)*
a la una *at one o'clock*
a las dos *at two o'clock*
a tiempo *on time*
a veces *sometimes*
abajo *downstairs*
el abrazo *hug*
abrid *open* (vosotros *command)*
abril *April*
la abuela *grandmother*
los abuelos *grandparents*
aburrido/a *boring*
acogedor(a) *cosy*
la actriz *actress*
el acueducto *aqueduct*
de acuerdo *OK*
se acuesta (a) *he/she goes to bed (at)*
te acuestas (a) *you go to bed (at)*
me acuesto (a) *I go to bed (at)*
adiós *goodbye*
¿adónde vas? *where are you going? (tú, informal)*
adosado/a *semi-detached*
el aeropuerto *airport*
(en) las afueras *(on) the outskirts*
la agenda *diary*
agosto *August*
el agua mineral *(f) mineral water*
ahora *now*
al aire libre *outdoor(s)*
al *to the (m)*
el alcázar *fortress/palace*
el alemán *German*
el alfabeto *alphabet*
la alfombra *rug*
el almacén *department store*
alto/a *tall*
el alumno *pupil (boy)*
la alumna *pupil (girl)*
amarillo/a *yellow*
el/la amigo/a *friend*
los amigos *friends*
¡ándale! *go on!*
andando *walking*
andar en monopatín *(to) go skateboarding*
el animal *animal, pet*
el año *year*
los años *years*
antiguo/a *old*
el apartamento *apartment*
aquí *here*
argentino/a *Argentinian*
el armario *wardrobe*
el arquitecto *arquitect*
arregla *he/she tidies*
arreglar *to tidy*
arreglo (mi dormitorio) *I tidy (my bedroom)*
arriba *upstairs*
arroba *@*
el ascensor *lift*
el aseo *toilet*
la asignatura *subject*
el ático *attic*
atigrado/a *tabby*
el atleta *athlete*
el atletismo *athletics*
el aula *(f) classroom*
los auriculares *earphones*
Australia *Australia*
australiano/a *Australian*
en autobús *by bus*
la avenida *avenue*
ayudar *to help*
¿ayudas (en casa)? *do you help (at home)* (tú, *informal)?*
ayudo *I help*
azul *blue*

B

el bádminton *badminton*
bailar *to dance*
baja *go down* (tú *command)*
bajo/a *short*
los balcones *balconies*
el baloncesto *basketball*
el baño *bathroom*
los baños *bathrooms*
el bar *bar*
la barba *beard*
el barrio *the neighbourhood*
barro *I sweep*
bastante *quite/enough*
bebes *you drink* (tú, *informal)*
el beso *kiss*
la biblioteca *library*
en bici *by bike*
la bicicleta todoterreno *mountain bike*
bien *fine/well*
¡bienvenido(s)! *welcome!*
el bigote *moustache*
blanco/a *white*
el bloque *block of flats*
el bocadillo *sandwich*
el bolígrafo *biro*
bonito/a *pretty*
el botón *the button*
buenas noches *goodnight*
buenas tardes *good afternoon/evening*
bueno/a *good*
buenos días *good morning*
busca *search, look* (tú *command)*
la butaca *armchair*

C

el caballo *horse*
el café con leche *white coffee*
el café de Internet *Internet cafe*
la cafetería *cafeteria*
la Calle … *… Street*
la calle principal *main street*
la cama *bed*
el campo *the country*
la cancha *court*
cansado/a *tired*
cantar *to sing*
la capital *capital*
la carpeta *file*
la carta *letter*
la casa *house*
en casa *at home*
la casa de mis sueños *my dream house*
castaño/a *brown*
el castillo *castle*
el catalán *Catalan*
la catedral *cathedral*
la cena *supper/dinner*
cenas *you have supper/dinner* (tú, *informal)*
ceno *I have supper/dinner*
el centro *(town) centre*
el centro comercial *shopping centre*
cerca *near*
los cereales *cereal*
la cesta *basket*
el chalet *house/chalet*
el chicle *chewing gum*
los chicos *boys and girls*

chileno/a *Chilean*
la chimenea *fireplace*
el ciclismo *cycling*
las ciencias *(combined) science*
el cine *cinema*
la cinta *tape*
la ciudad *city/town*
la clase *lesson/classroom*
las clases *lessons*
el clima *climate*
el cobayo *guinea pig*
la Coca Cola *Coca Cola*
en coche *by car*
la cocina *kitchen*
cocinar *to cook*
cocino *I cook*
la colección *collection*
el color *colour*
el comedor *dining room*
comer *to eat*
comes *you have lunch/you eat (tú informal)*
la comida *lunch/dinner*
como *I eat/have lunch*
¿cómo? *how?*
¿cómo eres? *what are you like? (tú, informal)*
¿cómo es? *what's it like?*
¿cómo está usted? *how are you? (usted, formal)*
¿cómo estás? *how are you? (tú, informal)*
¿cómo llegas al instituto? *how do you come/get to school? (tú, informal)*
¿cómo se dice … en español? *how do you say … in Spanish?*
¿cómo se escribe? *how do you spell it?*
¿cómo se escribe tu nombre? *how do you spell your name?*
¿cómo te llamas? *what's your name? (tú, informal)*
cómodo/a *comfortable*
el/la compañero/a *partner*
no comprendo *I don't understand*
con *with*
el conejo *rabbit*
la contaminación *pollution*
la contraseña *password*
el correo electrónico *e-mail*
las cortinas *curtains*
corto/a *short*
la cosa *thing*
la costa *coast*
el cricket *cricket*
cruza *cross (tú command)*
el cuaderno *exercise book*
¿cuál? *what/which?*
¿cuándo? *when?*
¿cuándo es tu cumpleaños? *when is your birthday?*
¿de cuántas plantas es? *how many floors has it got?*
¿cuántos/cuántas? *how many?*
¿cuántos años tienes? *how old are you? (tú, informal)*
el cuarto de baño *bathroom*
los cuartos de baño *bathrooms*
cubano/a *Cuban*
el cumpleaños *birthday*

D

de *of/from*
debajo (de) *below*
los deberes *homework*
déjame *could I have …*
delante (de) *in front (of)*
el deporte *sport*
a la derecha (de) *to the right (of)*
desayunar *to have breakfast*
desayunas *you have breakfast (tú, informal)*
desayuno (…) *I have breakfast/For breakfast I have …*
el desayuno *breakfast*
descansar *to rest*
la descripción *description*
el despacho *office*
el despacho de la directora *headmistress's office*
te despiertas *you wake up*
(no) me despierto *I (don't) wake up*
después *then/afterwards*
después de (cenar) *after (dinner)*
detesto … *I detest …*
detrás (de) *behind*
el día *day*
el diálogo *dialogue*
el dibujo *art/picture*
el diccionario *dictionary*
diciembre *December*
difícil *difficult*
¿diga?/¿dígame? *Hello? (on answering the phone)*
la dirección de la red *website address*
las direcciones *directions/addresses*
el disco compacto *CD*
diseñado/a *designed*
el disquete *floppy disk*
divertido/a *fun*
se divierte *he/she has fun*
me divierto *I have fun*
dobla *turn (tú command)*
el domingo *(on) Sunday*
Don *Mr (for older people)*
Doña *Mrs/Ms (for older people)*
¿dónde? *where?*
¿de dónde eres? *where are you from? (tú informal)*
¿dónde está? *where is it?*
¿dónde nos encontramos? *where shall we meet?*
¿dónde vive …? *where does … live?*
¿dónde vives? *where do you live? (tú, informal)*
dorado/a *golden*
dormir *to sleep*
el dormitorio *bedroom*
dos *two*
la ducha *shower*
te duchas *you have a shower (tú, informal)*
me ducho *I have a shower*
durante *in/during*
durante la semana *on weekdays*
duro/a *hard*

E

la edad *age*
el edificio *building*
la educación física *P.E.*
el ejercicio *exercise*
el (m) *the*
empezar *to begin*
empieza *it begins*
empiezan *they begin*
en *in/on/at*
me encanta/an … *I love …*
encima (de) *on (top) (of)*
nos encontramos *we meet*
enero *January*
enfrente (de) *opposite*
la ensalada *salad*
en la entrada *at the entrance*
entre *between*
envía *send (tú command)*
el equipo de fútbol *football team*
el equipo de música *sound system*

la equitación *horse riding*
eres *you are* (tú, *informal)*
¿eres ...? are *you ...?*
es *he/she/it is, you are* (usted, *formal)*
¡es divertido! *it's fun!*
es la una *it's one o'clock*
la escalera *stairs*
escocés/escocesa *Scottish*
Escocia *Scotland*
escríbeme pronto *write to me soon*
escribid *write* (vosotros *command)*
el escritorio *writing desk*
escuchar música *to listen to music*
los espaguetis *spaghetti*
escuchad *listen* (vosotros *command)*
España *Spain*
el español *Spanish (language)*
español/a *Spanish*
el espejo *mirror*
el esquí *skiing*
esta *this (f)*
está bien *alright/OK*
esta mañana *this morning*
esta noche *tonight*
esta tarde *this afternoon/evening*
está *it's*
está en ... *it's in ...*
la estación (del año) *season (of the year)*
la estación de autobuses *bus station*
la estación de esquí *ski resort*
la estación de servicio *petrol station*
la estación de trenes/de RENFE *train station*
las estaciones (del año) *seasons (of the year)*
el estadio *stadium*
Estados Unidos *United States*
estadounidense *American*
las estanterías *shelves*
estar *to be*
este *this (m)*
este *east*
estoy *I am*
el estuche *pencil case*
estudias *you study* (tú, *informal)*
estudio *I study*
estupendo *great/fantastic*

F

la fábrica *factory*
fácil/es (pl) *easy*
la familia *family*
fatal *terrible*
favorito/a *favourite*
febrero *February*
la fecha *date*
¡feliz cumpleaños! *happy birthday!*
¡fenomenal! *great!*
la ficha *form*
el fin de semana *(at) the weekend*
al final de *at the end of*
los fines de semana *(at) weekends*
la foto *photo*
el francés *French (language)*
fregar los platos *to wash the dishes*
friego los platos *I wash the dishes*
la fruta *fruit*
el fútbol *football*
el futbolista *footballer*

G

las gafas *glasses*
Gales *Wales*
el galés *Welsh (language)*
galés/galesa *Welsh*
el garaje *garage*
el gato *cat*
las gemelas *twins (female)*
los gemelos *twins (male)*
generalmente *usually*
genial *funny*
la geografía *geography*
la gimnasia *gymnastics*
el gimnasio *gym*
la goma *rubber*
gracias *thank you*
grande *big*
la granja *farm*
gris *grey*
le gusta *he/she likes it*
no le gusta *he/she doesn't like it*
me gusta(n) ... *I like ...*
me gusta(n) bastante ... *I quite like/like ... a lot ...*
me gusta(n) mucho ... *I like ... a lot*
no me gusta(n) ... *I don't like ...*
no me gusta(n) nada ... *I don't like ... at all*
¿te gusta(n) ... *do you like ...?* (tú, *informal)*
me gustaría ... *I would like ...*
¿te gustaría...? *would you like ...?* (tú, *informal)*

H

la habitación *room*
se habla ... *they speak ...*
hablar por teléfono *to talk on the telephone*
hablo ... *I speak ...*
hace buen tiempo *it's nice weather*
hace calor *it's hot*
hace deporte *he/she does sport*
me hace falta ... *I need ...*
hace fresco *it's chilly/cool*
hace frío *it's cold*
hace la cama *he/she makes the bed*
hace los deberes *he/she does his/her homework*
hace mal tiempo *it's bad weather*
hace sol *it's sunny*
hace viento *it's windy*
hacer *to do/make*
hacer la compra *to do the shopping/to go shopping*
haces (los deberes) *you do (your homework)* (tú, *informal)*
hago *I do*
hago la cama *I make the bed*
hago la compra *I do the shopping*
hago los deberes *I do my homework*
hago deporte *I do sport*
no hago nada *I don't do anything*
hago surfing *I go surfing*
hago windsurf(ing) *I go windsurfing*
la hamburguesa *hamburger*
hasta la vista *see you soon*
hasta luego *bye*
hay ... *there is/are ...*
hay niebla *it's foggy*
hay tormenta *it's stormy*
haz *make (up)* (tú *command)*
he terminado *I've finished*
la hermana *sister*

la hermana pequeña *younger sister*
el hermano *brother*
el hermano pequeño *younger brother*
los hermanos *brothers and sisters/brothers*
los hermanos pequeños *younger brothers/brothers and sisters*
la hija única *only child (girl)*
el hijo único *only child (boy)*
hispano *hispanic*
la historia *story*
histórico/a *historic*
el hockey *hockey*
¡hola! *hello!/hi!*
la hora *the time/hour*
la hora de comer *lunchtime*
el horario *timetable*
el hospital *hospital*

I

el idioma *language*
la iglesia *church*
importante *important*
imprime *print* (tú *command)*
industrial *industrial*
la informática *information technology*
Inglaterra *England*
el inglés *English (language)*
inglés/inglesa *English*
el instituto *school*
el instituto femenino *girls' school*
el instituto masculino *boys' school*
el instituto mixto *mixed school*
inteligente *intelligent*
interesante *interesting*
el invierno *winter*
ir *to go*
ir a la piscina *to go to the swimming pool*
ir al cine *to go to the cinema*
ir al polideportivo *to go to the sports centre*
ir de compras *to go shopping*
Irlanda *Ireland*
irlandés/irlandesa *Irish*
el italiano *Italian (language)*
a la izquierda (de) *to the left (of)*

J

Jamaica *Jamaica*
jamaicano/a *Jamaican*
el jardín *garden*
juega *he/she/it plays*
juega a las cartas *he/she plays cards*
juegan *they play*
juego *I play*
juego a las cartas *I play cards*
el jueves *(on) Thursday*
jugar *to play*
jugar con los videojuegos *to play video games*
jugar con mi Playstation *to play with my Playstation*
jugar con el ordenador *to play on the computer*
julio *July*
junio *June*

L

la *the (f)*
el laboratorio *laboratory*
el laboratorio de idiomas *language lab(oratory)*
al lado (de) *next to*
la lámpara *lamp*
el lápiz *pencil*
largo *long*
el lavabo *washbasin*
lavar el coche *to wash the car*
te lavas los dientes *you brush your teeth* (tú, *informal)*
lavo el coche *I wash the car*
leer *to read*
lejos *far*
se levantas *he/she gets up*
te levantas *you get up* (tú, *informal)*
levantaos *stand up* (vosotros *command)*
(no) me levanto *I (don't) get up*
la librería *bookcase*
el libro *(text)book*
la limonada *lemonade*
liso/a *straight*
la lista *register*
me llamo … *my name's …*
se llama … *his/her/its name is … your name is …* (usted, *formal)*
se llaman … *their names are … your names are … (plural, formal)*
llega *he/she/it arrives, he/she/it comes, you, you* (usted, *formal) arrive/come*
llega a casa *he/she arrives home*
llegáis a casa *you arrive home* (vosotros*)*
llego *I come/arrive*
llego a casa *I arrive home*
llego a pie *I walk*
llevo *I wear/I've got*
llueve *it's raining*
luego *then*
el lugar *place*
el lunes *(on) Monday*
los lunes *on Mondays*

M

la madre *mother*
mal *bad*
mandar mensajes *to send (text) messages*
mañana *tomorrow*
de la mañana *a.m.*
por la mañana *in the morning*
marrón *brown*
marrones (pl) *brown*
el martes *(on) Tuesday*
marzo *March*
más *plus/more*
más de *more than*
la mascota *pet*
las matemáticas *maths*
mayo *May*
la media hora *half an hour*
menos *minus*
el mensaje *text message*
mentira *false*
el menú *menu*
el mercado *market*
merendar *to have tea*
la merienda *tea*
meriendas *you have tea*
meriendo *I have tea*
el mes *month*
la mesa *table*
la mesa del profesor *teacher's desk*
en metro *by underground train*
mexicano/a *Mexican*
México *Mexico*
mi *my (sing)*
el micrófono *microphone*
el miércoles *(on) Wednesday*
mirad … *look at …* (vosotros *command)*
mis (pl) *my*
la mochila *school bag*
moderno/a *new/modern*
la montaña *the mountains*

montar a caballo *to go horseriding*
monto en bicicleta *I ride my bicycle*
monto en monopatín *I go skateboarding*
el monumento *monument/site*
moreno/a *dark*
en moto by *motorbike*
el mundo *world*
el museo *museum*
la música *music*
muy *very*
muy bien *very well*

N

la nacionalidad *nationality*
nada *nothing*
la naranjada *orangeade*
la natación *swimming*
navegar por Internet *to surf the Internet*
necesito *I need*
negro/a *black*
ni … ni … *neither … nor …*
nieva *it's snowing*
Nigeria *Nigeria*
nigeriano/a *Nigerian*
no *no*
no … todavía *not yet*
la noche *night*
por la noche *at night*
el nombre *name*
el noreste *north-east*
normalmente *usually*
el norte *north*
al norte de … *to the north of …*
noviembre *November*
nuevo/a *new*
el número *number*
el número de identidad *identity number*
nunca *never*

O

o *or*
obligatorio *obligatory*
octubre *October*
ocupado/a *busy*
odio … *I hate …*
el oeste *west*
la oficina de turismo *tourist office*
el ojo *eye*
el ojo morado *black eye*
los ojos *eyes*
ondulado *wavy*
el ordenador *computer*
el origen *origin*
el otoño *autumn*
oye *listen*

P

el padre *father*
la página *page*
el país *country*
los países *countries*
el pájaro *bird*
la palabra *word*
el palacio *palace*
el pan tostado *toast*
la pantalla *screen*
la papelera *bin*
Paquistán *Pakistan*
paquistaní *Pakistani*
la pared *wall*
el parque *the park*
el parque nacional *national park*
el parque temático *theme park*
el partido de fútbol *football match*
pasar la aspiradora *to hoover*
los pasatiempos *hobbies*
el pasillo *corridor*
paso la aspiradora *I hoover*
las patatas fritas *chips*
el patinaje *skating*
el patio *playground/patio*
la peca *freckle*
los peces *fishes*
te peinas *you comb/brush your hair* (tú, *informal)*
me peino *I comb/brush my hair*
pequeño/a *small*
pelirrojo/a *red-haired/red-headed*
la pelota *ball/pelota (game)*
el pelo *hair*
la peluche *cuddly toy*
pequeño/a *small*
pero *but*
el perro *dog*
la(s) persiana(s) *blind(s)*
el pez *fish*
pienso que … *I think that …*
la piscina *swimming pool*
el piso *flat/floor*
la pista de hielo *ice rink*
la pista polideportiva *sports pitch*
la pizza *pizza*
la pizarra *blackboard*
planchar *to do the ironing*
plancho *I do the ironing*
la planta *floor*
la planta baja *the ground floor*
la playa *beach*
la plaza *the square*
la plaza de toros *bullring*
la Plaza Mayor *the main square*
la pluma *pen*
un poco *a little*
el polideportivo *sports centre*
poner la mesa *(to) lay the table*
pongo la mesa *I lay the table*
por aquí *nearby*
¿por dónde se va a …? *which way is it to …?*
por favor *please*
por la mañana *in the morning*
por la noche *at night*
por la tarde *in the afternoon*
¿por qué (no)? *why (not)?*
porque *because*
posible *possible*
los pósters *posters*
practicar *to do (a sport)*
practicas el deporte *you do sport* (tú, *informal)*
practico el deporte *I do sport*
prefiero … *I prefer …*
la pregunta *question*
preparar la cena *to prepare supper/dinner*
preparo la cena *I prepare supper/dinner*
la prima *cousin (female)*
el primer piso *the first floor*
la primera *the first (road)*
la primera planta *the first floor*
primero *first of all*
el primero de (mayo) *the first of (May)*
el profesor *teacher*
el programa de televisión *television programme*
pronto *early*
el pueblo *town*
¿puedes repetir? *can you repeat that?* (tú, *informal)*
el puente *bridge*
la puerta *door*
puerto *port*
puertorriqueño/a *from Puerto Rico*
pues … *well …*
punto *dot*

Q

¿qué? *what?*
¡qué bien! *how nice!*
¿de qué color es/son ...? *What colour is/are ...?*
¿qué dice ...? *what does ... say?*
¿qué es ... *what is (it)?*
¿qué haces? *what do you do?* (tú, *informal)*
¿qué hay ...? *what is there ...?*
¿a qué hora ...? *what time ...?*
¿qué hora es? *what time is it?*
¿a qué hora llegas? *what time do you arrive?* (tú, *informal)*
¿qué idiomas hablas? *what languages do you speak?* (tú, *informal)*
¿qué son? *what are (they)?*
¿qué tal? *how are things?*
¿qué te gusta hacer? *what do you like doing?*
¿qué tiempo hace? *what's the weather like?*
¿qué tiene ...? *what does ... have?*
¿qué vas a hacer? *what are you going to do?* (tú, *informal)*
¿quieres ...? *do you want...?* (tú, *informal)*
¿quieres ir al cine? *do you want to go to the cinema?* (tú, *informal)*
¿quieres jugar (al tenis)? *do you want to play (tennis)?* (tú, *informal)*
¿quieres salir? *do you want to go out?* (tú, *informal)*
el quiosco *kiosk*
quitar la mesa *to clear the table*
quito la mesa *I clear the table*

R

rápido *fast*
rasgo *slash*
el ratón *mouse*
los ratones *mice*
el recreo *break*
reformado *altered*
la región *region*
la regla *ruler*
regular *so-so*
el Reino Unido *UK*
relajado *relaxed*
relajante *relaxing*
la religión *R.E.*
el reloj *watch*
la respuesta *answer*
el río *river*
rizado *curly*
romano *Roman*
rubio/a *fair/fair-haired*
el rugby *rugby*
la rutina diaria *daily routine*

S

el sábado *(on) Saturday*
el sacapuntas *pencil sharpener*
sacar la basura *(to) put the rubbish out*
saco la basura *I put the rubbish out*
sal del sistema *log off* (tú *command)*
la sala de actos *hall*
la sala de profesores *staffroom*
salgo con amigos *I go out with friends*
salir con amigos *to go out with friends*
el salón *living room*
el salón-comedor *lounge-diner*
saludos *regards/best wishes*
salva *save* (tú *command)*
la secretaria *secretary*
la segunda *the second (road)*
la semana *week*
sentaos *sit down* (vosotros *command)*
Señor *Mr*
Señora *Mrs*
Señores *Mr and Mrs*
Señorita *Miss/Ms*
septiembre *September*
La serpiente *snake*
los servicios *toilets*
si *if*
sí *yes*
siempre *always*
la sierra *mountains*
sigue *continue*
¡silencio! *silence!*
la silla *chair*
simpático/a *nice*
sobre *on*
son ... *they are, you (plural, formal) are ...*
son *equal*
son las ... *it's ... o'clock*
son las ... menos cuarto *It's quarter to ...*
son las ... y cuarto/media *it's quarter past/half past ...*
el sótano *basement*
soy *I am*
soy (Pedro) *it's (Pedro)*
soy de ... *I'm from ...*
el squash *squash*
su *his/her/your* (usted, *formal)*
sube (por) *go up* (tú *command)*
el supermercado *supermarket*
el sur *south*

T

de talla mediana *medium height*
también *also*
tarde *late*
la tarde *afternoon/evening*
por la tarde *in the afternoon/evening*
las tareas domésticas *domestic chores*
el teatro *drama*
la tecla *key*
el teclado *keyboard*
la tecnología *technology*
la televisión *television*
temprano *early*
tenemos *we have*
tengo ... años *I'm ... (years old)*
tengo (un/una) ... *I've got (a) ...*
no tengo (un/una) ... *I haven't got (a) ...*
el tenis *tennis*
el tenista *tennis player*
la tercera *the third (road)*
termina *it finishes*
terminado/a *finished*
terminan *they finish*
la terraza *terrace*
el tiempo *weather*
el tiempo libre *free time*
la tienda (de regalos) *(gift) shop*
tiene *he/she has got, you* (usted, *formal) have got*
tiene ... años *... is ... (years old)*
tienes *you have (got)*

¿tienes hermanos? *have you got any brothers and sisters?*
¿tienes un/una ...? *have you got a ...?*
tira *throw*
el tocador *dressing table*
tocar la guitarra/el piano *to play the guitar/piano*
toco la guitarra/el piano *I play the guitar/guitar*
todo recto/derecho *straight on*
de todo *all sorts of things*
todos/as *all*
todos los días *every day*
toma *here you are/take*
tomas *you have (to drink or eat)* (tú, *informal)*
la tortuga *tortoise*
la tostada *piece of toast*
trabajad *work*
el trabajo *work*
el tráfico *traffic*
tranquilo/a *peaceful*
en tren *by train*
tres *three*
tu *your (singular)*
tú *you*
tuerce *turn (tú command)*
el turista *tourist*
tus *your (plural)*

U

ud (usted) *you (formal)*
un *a (m)*
una *a (f)*
el uniforme *uniform*
la universidad *university*
uno *one*
unos *some (m pl/m + f pl)*
unas *some (f pl)*
usted *(ud/vd) you (formal)*
útil *useful*

V

va *he/she goes*
vale *OK*
¡vamos! *come on!/let's go!*
varios/as *several*
el vaso de leche *glass of milk*
la vela *sailing*
la ventana *window*
ve la tele *he/she watches TV*
veo la tele *I watch TV*
ver la tele(visión) *to watch TV*
el verano *summer*
verdad *true*
verde *green*
la vida *life*
el viernes *(on) Friday*
la vista al mar *seaview*
te vistes *you get dressed* (tú, *informal)*
me visto *I get dressed vive he/she lives, you* (usted, *formal)*
live viven en ... *they live in ..., you (plural, formal) live in ...*
vivo (en) ... *I live (in) ...*
va *he/she/it is going, you* (usted, *formal) are going ...*
vamos ... *we're going ...*
van *they are going, you (plural, formal) are going ...*
van a ... *they're going to ...*
vende *it sells*
el voleibol *volleyball*
voy *I'm going*
voy a acostarme a las ... *I'm going to go to bed at ...*
voy a (cocinar) *I'm going to (cook)*
voy a la ... *I'm going to ... (f)*
voy a levantarme a las ... *I'm going to get up at ...*
voy al ... *I'm going to (m)*
voy al campo *I go to the country*
voy al cine *I go to the cinema*
voy de compras *I go shopping*
voy al instituto *I go to school*
voy a la playa *I go to the beach*

Y

y *and*
el yogur *yoghurt*

Z

las zapatillas deportivas *trainers*
el zumo de naranja *orange juice*

Vocabulary English–Spanish

A

a *un (m)/una (f)*
after *después de*
afternoon *la tarde*
in the afternoon *por la tarde*
this afternoon *esta tarde*
afterwards *después*
age *la edad*
airport *el aeropuerto*
all *todos/as*
alright *está bien*
also *también*
always *siempre*
I am *soy/estoy*
I am ... (years old) *tengo ... años*
a.m. *de la mañana*
I am from ... *Soy de ...*
American *estadounidense*
and *y*
animal *el animal*
April *abril*
they are *son*
you are *(tú,* informal*) eres/estás*
you are *(usted,* formal*) es/está*
are you ...? *(tú,* informal*) ¿eres/estás...?*
armchair *la butaca*
he/she arrives *llega*
he/she arrives home *llega a casa*
I arrive (home/at school) *llego (a casa/al instituto)*
you arrive *(tú,* informal*) llegas*
art *el dibujo*
at *en/a*
athletics *el atletismo*
attic *el ático*
August *agosto*
Australia *Australia*
Australian *australiano/a*
Autumn *el otoño*
avenue *la avenida*

B

bad *mal*
it's bad weather *hace mal tiempo*
badminton *el badminton*
bar *el bar*
basement *el sótano*
basketball *el baloncesto*
bathroom *el baño/el cuarto de baño*
bathrooms *los cuartos de baño*
to be *ser/estar*
beach *la playa*
beard *la barba*
because *porque*
bed *la cama*
bedroom *el dormitorio*
to begin *empezar*
they begin *empiezan*
it begins *empieza*
behind *detrás (de)*
below *debajo de*
between *entre*
big *grande*
by bike *en bici*
bird *el pájaro*
biro *el bolígrafo*
birthday *el cumpleaños*
biscuits *las galletas*
black *negro/a*
blinds *las persianas*
block of flats *el bloque*
blue *azúl*
book *el libro*
bookcase *la librería*
boring *aburrido/a*
boys and girls *los chicos*
boys' school *el instituto masculino*
break *el recreo*
breakfast *el desayuno*
I have breakfast *desayuno*
you have breakfast *(tú* informal*) desayunas*
to have breakfast *desayunar*
bridge *el puente*
brother *el hermano*
brown *castaño/a, marrón/marrones (pl)*
you brush your teeth *(tú* informal*) te lavas los dientes*
building *el edificio*
by bus *en autobús*
bus station *la estación de autobuses*
but *pero*
bye *hasta luego*

C

cafe *el café/la cafetería*
canteen *la cantina*
capital *la capital*
by car *en coche*
castle *el castillo*
cat *el gato*
cathedral *la catedral*
CD *el disco compacto*
centre *el centro*
cereal *los cereales*
chair *la silla*
it's chilly *hace fresco*
chips *las patatas fritas*
church *la iglesia*
cinema *el cine*
city *la ciudad*
classroom *el aula (f)*
I clear the table *quito la mesa*
to clear the table *quitar la mesa*
coast *la costa*
Coca Cola *la Coca Cola*
coffee *el café*
collection *la colección*
it's cold *hace frío*
colour *el color*
I comb my hair *me peino*
you comb your hair *(tú,* informal*) te peinas*
comfortable *cómodo/a*
computer *el ordenador*
continue *(tú* command*) sigue*
I cook *cocino*
to cook *cocinar*
it's cool *hace fresco*
corridor *el pasillo*
cosy *acogedor(a)*
(in) the country *(en) el campo*
cricket *el cricket*
cross *(tú* command*) cruza*
curly *rizado/a*
curtains *las cortinas*
cycling *el ciclismo*

D

to dance *bailar*
dark *moreno/a*
date *la fecha*
day *el día*
I detest *detesto*
diary *el agenda (f)*
difficult *difícil*
dining room *el comedor*
dinner *la cena*
I have dinner *ceno*
you have dinner *(tú,* informal*) cenas*
I do *hago*
to do *hacer*
I do sport *practico el deporte*
you do sport *(tú,* informal*) practicas el deporte*
he/she does *hace*
he/she does sport *hace deporte*
dog *el perro*
I don't do anything *no hago nada*
door *la puerta*

downstairs *abajo*
drama *el teatro*
I get dressed *me visto*
you get dressed *(tú,* informal*) te vistes*
you drink *bebes*
during *durante*

E

early *pronto/temprano*
east *el este*
easy *fácil*
I eat *como*
to eat *comer*
you eat *comes (tú,* informal*)*
e-mail *el correo electrónico*
at the end of *al final de*
England *Inglaterra*
English (language) *el inglés*
English (nationality) *inglés/inglesa*
enough *bastante*
(at) the entrance *(en) la entrada*
equals *son*
evening *la tarde*
in the evening *por la tarde*
this evening *esta tarde*
every day *todos los días*
exercise book *el cuaderno*
eye *el ojo*

F

factory *la fábrica*
fair/fair-haired *rubio/a*
family *la familia*
far *lejos*
farm *la granja*
fast *rápido/a*
father *el padre*
favourite *favorito/a*
February *febrero*
file *la carpeta*
fine *bien*
they finish *terminan*
it finishes *termina*
the first of (May) *el primero/uno de (mayo)*
first of all *primero*
the first floor *el primer piso/la primera planta*
the first (road) *la primera*
fish *el pez*
fishes *los peces*
flat *el piso*
floor *la planta*
it's foggy *hay niebla*
football *el fútbol*
football match *el partido de fútbol*
freckle *la peca*
free time *el tiempo libre*
French (language) *el francés*
French (nationality) *francés/francesa*
(on) Friday *el viernes*
friendly *simpático/a*
friend *el amigo/la amiga*
from *de*
in front of *delante de*
fruit *la fruta*
fun *divertido/a*
he/she has fun *se divierte*
I have fun *me divierto*
funny *divertido/a, genial*

G

garden *el jardín*
geography *la geografía*
German (language) *el alemán*
German (nationality) *aleman*
I get up *me levanto*
you get up *(tú,* informal*) te levantas*
I don't get up *no me levanto*
he/she gets up *se levanta*
girls' school *el instituto femenino*
glass *el vaso*
glasses *las gafas*
to go *ir*
I go/am going (to) *voy (a)*
I am going to get up *voy a levantarme*
they go/are going *van*
we go/are going *vamos*
you go/are going *(tú,* command*) vas*
go down *(tú,* command*) baja*
I go out *salgo*
to go out *salir*
I go shopping *voy de compras*
I go to bed *me acuesto*
you go to bed *(tú,* informal*) te acuestas*
go up *(tú* command*) sube*
he/she goes/is going *va*
he/she goes to bed *se acuesta*
golden *dorado/a*
good *bueno/a*
good afternoon *buenas tardes*
good morning *buenos días*
goodbye *adiós*
goodnight *buenas noches*
grandmother *la abuela*
grandparents *los abuelos*
great! *¡fenomenal!/genial*
green *verde*
grey *gris*
ground floor *la planta baja*
guinea pig *el cobayo*
gym *el gimnasio*
gymnastics *la gimnasia*

H

hair *el pelo*
it's half past ... *son las ... y media*
hall *el salón de actos*
hamburger *la hamburguesa*
happy birthday! *¡feliz cumpleaños!*
hard *duro/a*
he/she has (got) *tiene*
I hate *odio*
I have (got) *tengo*
have you got any brothers and sisters? *¿tienes hermanos?*
we have *tenemos*
you have (got) *(tú,* informal*) tienes*
I haven't got *no tengo*
hello *hola*
I help *ayudo*
to help *ayudar*
you help *(tú,* informal*) ayudas*
her *su/sus (pl)*
hi! *¡hola!*
his *su/sus (pl)*
historic *histórico/a*
hobby *el pasatiempo*
hockey *el hockey*
homework *los deberes*
I hoover *paso la aspiradora*
to hoover *pasar la aspiradora*
horse *el caballo*
horse riding *la equitación*
to go horse riding *montar a caballo*
hospital *el hospital*
it's hot *hace calor*
hour *una hora*
house *la casa/el chalet*
how? *¿cómo?*
how are things? *¿qué tal?*
how are you? *(tú,* informal*) ¿cómo estás?*
how are you? *(usted,* formal*) ¿cómo está usted?*

how do you come/get to school? (*tú,* informal) *¿cómo llegas al instituto?*
how do you say ... in Spanish? *¿cómo se dice ... en español?*
how do you spell it? *¿cómo se escribe?*
how many? *¿cuántos/cuántas?*
how old are you? (*tú,* informal) *¿cuántos años tienes?*
hug *un abrazo*

I

ice rink *la pista de hielo*
if *si*
important *importante*
in *en/durante*
industrial *industrial*
information technology *la informática*
intelligent *inteligente*
interesting *interesante*
Internet cafe *el café de Internet*
Ireland *Irlanda*
Irish *irlandés/irlandesa*
I do the ironing
I iron *plancho*
to do the ironing/to iron *planchar*
he/she/it is *es/está*
he/she/it is ... (years old) *tiene ... años*
Italian *el italiano/a*
Italian (nationality) *italiono/a*

J

Jamaica *Jamaica*
jamaican *jamaicano/a*
January *enero*
July *julio*
June *junio*

K

kiss *el beso*
kitchen *la cocina*

L

lab(oratory) *el laboratorio*
lamp *la lámpara*
language lab(oratory) *el laboratorio de idiomas*
late *tarde*
I lay the table *pongo la mesa*
to lay the table *poner la mesa*
to the left (of) *a la izquierda (de)*
lemonade *la limonada*
lesson *la clase*
library *la biblioteca*
lift *el ascensor*
do you like ...? (*tú,* informal) *¿te gusta(n) ...*
I like ... *me gusta(n) ...*
I don't like ... *no me gusta(n) ...*
he/she doesn't like it *no le gusta*
I quite like .../like ... a lot *me gusta(n) bastante ...*
I would like ... *me gustaría ...*
would you like ...? (*tú,* informal) *¿te gustaría ...?*
I like ... a lot *me gusta(n) mucho ...*
I don't like ... at all *no me gusta(n) nada ...*
he/she likes it *le gusta*
to listen to music *escuchar música*
a little *un poco*
I live *vivo*
they live *viven*
he/she lives *vive*
living room *el salón*
long *largo/a*
lounge-diner *el salón-comedor*
I love ... *me encanta ...*
lunch *la comida*
I have lunch *como*
you have lunch (*tú,* informal) *comes*
lunchtime *la hora de comer*

M

main square *la Plaza Mayor*
to make *hacer*
he/she makes the bed *hace la cama*
March *marzo*
market *el mercado*
maths *las matemáticas*
May *mayo*
medium height/size *de talla mediana*
we meet *nos encontramos*
milk *la leche*
minus *menos*
mirror *el espejo*
mixed school *el instituto mixto*
modern *moderno/a*
(on) Monday *el lunes*
(on) Mondays *los lunes*
month *el mes*
monument *el monumento*
in the morning *por la mañana*
this morning *esta mañana*
mother *la madre*
by motorbike *en moto*
mountain bike *la bicicleta todoterreno*
mountains *las montañas*
mouse *el ratón*
moustache *el bigote*
museum *el museo*
my *mi (sing)/mis (pl)*

N

name *el nombre*
his/her name is *se llama*
my name is *me llamo*
their names are *se llaman*
national park *el parque nacional*
near *cerca*
nearby *por aquí*
I need *me hace falta/necesito*
neighbourhood *el barrio*
never *nunca*
next to *al lado (de)*
nice *simpático/a*
it's nice weather *hace buen tiempo*
night *la noche*
at night *por la noche*
no *no*
north *el norte*
to the north of *al norte de*
nothing *nada*
November *noviembre*
now *ahora*

O

obligatory *obligatorio*
at one o'clock *a la una*
at (two) o'clock *a las (dos)*
it's one o'clock *es la una*
October *octubre*
of *de*
office *el despacho*
OK *de acuerdo/está bien/vale*
old *antiguo/a*
on *en/encima de/sobre*
only child *la hija única/el hijo único*
opposite *enfrente (de)*
or *o*
orange juice *el zumo de naranja*
orangeade *la naranjada*
(on) the outskirts *(en) las afueras*

P

Pakistan *Paquistán*
Pakistani *paquistaní*
palace *el palacio*
park *el parque*
P.E. *la educación física*
peaceful *tranquilo/a*
pen *la pluma*
pencil *el lápiz*
pencil case *el estuche*
pencil sharpener *el sacapuntas*
pet *el animal/la mascota*
petrol station *la estación de servicio*
pizza *la pizza*
place *el lugar*
I play *juego*
they play *juegan*
to play *jugar*
to play cards *jugar a las cartas*
to play on the computer *jugar con el ordenador*
I play the guitar/piano *toco la guitarra/el piano*
to play the guitar/piano *tocar la guitarra/el piano*
to play videogames *jugar con los videojuegos*
to play with my playstation *jugar con mi Playstation*
playground *el patio*
he/she plays *juega*
please *por favor*
plus *más*
port *el puerto*
posters *los pósters*
I prefer *prefiero*
I prepare (supper) *preparo (la cena)*
to prepare (supper) *preparar (la cena)*
pretty *bonito/a*
pupil *el alumno/la alumna*
I put the rubbish out *saco la basura*
to put the rubbish out *sacar la basura*

Q

it's quarter past ... *son las ... y cuarto*
it's quarter to ... *son las ... menos cuarto*
quite *bastante*

R

rabbit *el conejo*
it's raining *llueve*
R.E. *la religión*
to read *leer*
red-haired/red-headed *pelirrojo/a*
relaxing *relajante*
to rest *descansar*
I ride my bicycle *monto en bicicleta*
to the right (of) *a la derecha (de)*
river *el río*
room *la habitación*
rubber *la goma*
rug *la alfombra*
rugby *el rugby*
ruler *la regla*

S

sailing *la vela*
salad *la ensalada*
sandwich *el bocadillo*
(on) Saturday *el sábado*
school *el instituto*
school bag *la mochila*
science (combined) *las ciencias*
Scotland *Escocia*
Scottish *escocés/escocesa*
season *la estación*
seaview *la vista al mar*
the second (road) *la segunda*
semi-detached *adosado/a*
to send text messages *mandar mensajes*
September *septiembre*
shelves *las estanterías*
shop *la tienda*
I go shopping *voy de compras*
to do the shopping *hacer la compra*
to go shopping *ir de compras*
shopping centre *el centro comercial*
short *bajo/a (height), corto (hair)*
shower *la ducha*
I have a shower *me ducho*
you have a shower *(tú,* informal*) te duchas*
sing *cantar*
sister *la hermana*
I go skateboarding *ando/monto en monopatín*
to go skateboarding *andar/montar en monopatín*
skating *el patinaje*
skiing *el esquí*
to sleep *dormir*
small *pequeño/a*
it's snowing *nieva*
some *unos (m)/unas (f)*
sometimes *a veces*
so-so *regular*
soon *pronto*
sound system *el equipo de música*
south *el sur*
spaghetti *los espaguetis*
Spain *España*
Spanish (language) *el español*
Spanish (nationality) *español/a*
I speak *hablo*
sport *el deporte*
sports centre *el polideportivo*
sports pitch *la pista polideportiva*
square *la plaza*
squash *el squash*
stadium *el estadio*
staffroom *la sala de profesores*
stairs *la escalera*
it's stormy *hay tormenta*
straight *liso*
straight on *todo recto/derecho*
street *la calle*
I study *estudio*
you study *(tú,* informal*) estudias*
subject *la asignatura*
summer *el verano*
(on) Sunday *el domingo*
it's sunny *hace sol*
supermarket *el supermercado*
supper *la cena*
I have supper *ceno*
you have supper *cenas*
to surf the Internet *navegar por Internet*
I go surfing *hago surfing*
I sweep *barro*
swimming *la natación*
swimming pool *la piscina*

T

tabby *atigrado/a*
table *la mesa*
to talk on the telephone *hablar por teléfono*
tall *alto/a*
tea *la merienda*
teacher *el profesor/la profesora*
team *el equipo*
television *la televisión*

television programme *el programa de televisión*
tennis *el tenis*
terrible *fatal*
thank you *gracias*
the *el (m)/la (f)*
theme park *el parque temático*
then *después/luego*
there is/are *hay*
thing *la cosa*
I think (that) *pienso (que)*
the third (road) *la tercera*
this *esta (f)*
this *este (m)*
(on) Thursday *el jueves*
he/she tidies *arregla*
I tidy *arreglo*
to tidy *arreglar*
timetable *el horario*
to *a*
to (the) *a la/al/a los/a las*
toast *el pan tostado/la tostada*
toilet *el aseo*
toilets *los servicios*
tomorrow *mañana*
tonight *esta noche*
on top (of) *encima (de)*
tortoise *la tortuga*
piece of toast *la tostada*
tourist *el turista*
tourist office *la oficina de turismo*
town *el pueblo/la ciudad*
traffic *el tráfico*
by train *en tren*
train station *la estación de trenes/de RENFE*
(on) Tuesday *el martes*
turn *(tú* command*) dobla/tuerce*
twins *las gemelas (f)/los gemelos (m)*

U

by underground (train) *en metro*
I don't understand *no comprendo*
UK *el Reino Unido*
uniform *el uniforme*
United States *Estados Unidos*
university *la universidad*
upstairs *arriba*
useful *útil*
usually *generalmente/normalmente*

V

very *muy*
volleyball *el voleibol*

W

I wake up *me despierto*
you wake up *(tú,* informal*) te despiertas*
Wales *Gales*
I walk *llego a pie*
wall *la pared*
do you want to go out? *(tú,* informal*) ¿quieres salir?*
do you want to go to the cinema? *(tú,* informal*) ¿quieres ir al cine?*
do you want to play tennis? *(tú,* informal*) ¿quieres jugar al tenis?*
wardrobe *el armario*
I wash the car *lavo el coche*
to wash the car *lavar el coche*
I wash the dishes *friego los platos*
to wash the dishes *fregar los platos*
washbasin *el lavabo*
he/she watches TV *ve la tele(visión)*
I watch TV *veo la tele(visión)*
to watch TV *ver la tele(visión)*
water *el agua (f)*
wavy *ondulado*
I wear *llevo*
(on) Wednesday *el miércoles*
week *la semana*
on weekdays *durante la semana*
(at) the weekend *el fin de semana*
(at) weekends *los fines de semana*
well *bien*
Welsh (language) *galés/galesa*
west *el oeste*
what? *¿cuál?/¿qué?*
what are they? *¿qué son?*
what are you going to do? *(tú,* informal*) ¿qué vas a hacer?*
what colour is/are ...? *¿de qué color es/son ...?*
what do you do? *(tú,* informal*) ¿qué haces?*
what do you like doing? *(tú,* informal*) ¿qué te gusta hacer?*
what is it? *¿qué es?*
what is the weather like? *¿qué tiempo hace?*
what is there? *¿qué hay?*
what's it like? *¿cómo es?*
what's your name? *(tú,* informal*) ¿cómo te llamas?*
what languages do you speak? *(tú,* informal*) ¿qué idiomas hablas?*
what time ...? *¿a qué hora ...?*
what time is it? *¿qué hora es?*
when? *¿cuándo?*
when is your birthday? *(tú,* informal*) ¿cuándo es tu cumpleaños?*
where? *¿dónde?*
where are you from? *(tú,* informal*) ¿de dónde eres?*
where do you live? *(tú,* informal*) ¿dónde vives?*
where does he/she live? *¿dónde vive?*
where is it? *¿dónde está?*
where shall we meet? *¿dónde nos encontramos?*
where are you going? *(tú,* informal*) ¿adónde vas?*
which? *¿cuál?*
which way is it to ...? *¿por dónde se va a ...?*
white *blanco/a*
why (not)? *¿por qué (no)?*
window *la ventana*
I go windsurfing *hago windsurf(ing)*
it's windy *hace viento*
winter *el invierno*
with *con*
write to me *escríbeme*

Y

yellow *amarillo/a*
yes *sí*
yoghurt *el yogur*
you *tú (*informal*)/usted (*formal*)*
younger brother/sister *el hermano pequeño/la hermana pequeña*
your (*tú,* informal) *tu (sing)/tus (pl)*

Las instrucciones

Busca …	*Look for …*
Busca las palabras que no conoces en el diccionario.	*Look up the words you don't know in the dictionary.*
Cambia …	*Change …*
Cambia las palabras subrayadas.	*Change the underlined words.*
Completa las frases.	*Complete the sentences.*
Con tu compañero/a de clase …	*With your partner …*
Con tu compañero/a, pregunta y contesta …	*With your partner, ask and answer …*
Contesta a la carta …	*Answer the letter …*
Contesta a las preguntas.	*Answer the questions.*
Copia y completa (las frases).	*Copy and complete (the sentences).*
Copia y rellena el cuadro …	*Copy and fill in the grid …*
Da …	*Give …*
Describe …	*Describe …*
Di …	*Say …*
Dibuja un plano de …	*Draw a plan of …*
Elige …	*Choose …*
Empareja … (con) …	*Match up … (with) …*
Empareja las descripciones con las personas.	*Match up the descriptions with the people.*
Empareja las frases con los dibujos/las fotos.	*Match up the sentences with pictures/photos.*
Empareja las preguntas con las respuestas.	*Match up the questions with the answers.*
En grupos …	*In groups …*
Escribe …	*Write …*
Escribe un diálogo.	*Write a dialogue.*
Escribe una carta …	*Write a letter …*
Escribe una descripción de …	*Write a description of …*
Escribe una entrevista con …	*Write an interview with …*
Escribe una frase/frases …	*Write a sentence/sentences …*
Escribe las letras/los nombres/las palabras en el orden correcto.	*Write the letters/names/words in the correct order.*
Escribir	*Writing*
Escucha …	*Listen (to) …*
Escucha la canción.	*Listen to the song.*
Escucha otra vez.	*Listen again.*
Escucha y canta …	*Listen and sing …*
Escucha y comprueba tus respuestas.	*Listen and check your answers.*
Escucha y dibuja …	*Listen and draw …*
Escucha y escribe el orden/los nombres …	*Listen and write the order/the names …*
Escucha y lee …	*Listen and read …*
Escucha y mira …	*Listen and look at …*
Escucha y repite.	*Listen and repeat.*
Escuchar	*Listening*
Habla de …	*Talk about …*
Hablar	*Speaking*
Haz …	*Make (up) …*
Haz una entrevista/entrevistas con …	*Make up an interview/interviews with …*
Haz frases …	*Make up sentences …*
Haz tu propio diálogo.	*Make up your own dialogue.*
Haz un sondeo.	*Do a survey.*
Haz y contesta a las preguntas …	*Ask and answer questions …*
Imagina …	*Imagine …*
Indica un dibujo …	*Point to a picture …*
Juega al …	*Play …*
Lee …	*Read …*
Lee tu/el diálogo a la clase.	*Read your/the dialogue to the class.*
Lee y empareja …	*Read and match …*
Lee y escribe …	*Read and write …*
Lee y escucha el texto.	*Read and listen to the text.*
Leer	*Reading*
Mira el dibujo/los dibujos.	*Look at the picture/pictures.*
Mira el mapa/el plano.	*Look at the map/plan.*
Mira la foto.	*Look at the photo.*
Pide y da direcciones …	*Ask and give directions …*
Pon …	*Put …*
Pon atención a la pronunciación.	*Pay attention to your pronunciation.*
Practica …	*Practise …*
Pregunta …	*Ask …*
Pregunta a tu(s) compañero(s)/a(s) de clase.	*Ask your classmate(s).*
Pregunta y contesta.	*Ask and answer.*
Rellena el cuadro.	*Fill in the grid.*
Repite …	*Repeat …*
¿Verdad o mentira?	*True or false?*